# 10대를 위한 **이스라엘**과 **팔레스타인** 이야기

**10대를 위한 이스라엘과 팔레스타인 이야기**
점령당한 삶과 정착하는 삶, 같은 땅의 두 가지 현실을 보다

초판 1쇄 발행  2025년 12월 10일

지은이 **프란체스카 만노키** | 옮긴이 **김현주** | 감수 **구정은**
펴낸이 **임경훈** | 편집 김정희
펴낸곳 **롤러코스터** | 출판등록 제2019-000296호
주소 경기도 고양시 덕양구 청초로 19 아이에스비즈타워 2차 B동 704호
전화 070-7768-6066 | 팩스 02-6499-6067 | 이메일 book@rcoaster.com
제작 357제작소

ISBN 979-11-91311-72-3  43300

# 10대를 위한 이스라엘과 팔레스타인 이야기

점령당한 삶과 정착하는 삶
같은 땅의 두 가지 현실을 보다

프란체스카 만노키 지음
김현주 옮김
구정은 감수

# 중요한 건 '인간에 대한 믿음'

이탈리아 저널리스트로 이민과 분쟁을 다뤄온 프란체스카 만노키의 책이 두 번째로 번역됐습니다. 2023년 한국에 소개된 《10대를 위한 세계 분쟁지역 이야기》가 아프가니스탄, 이라크, 시리아, 우크라이나 등 전쟁을 겪은 여러 지역에서 살아가는 이들의 이야기를 담았다면, 이번 책은 이스라엘과 팔레스타인 지역으로 범위를 좁혀서 더 밀도 있게 들여다봅니다.

2023년 10월, 팔레스타인 가자 지구의 정치조직인 하마스가 이스라엘을 공격하고 인질들을 붙잡아 갔죠. 그러자 이스라엘은 가자 지구를 침공했습니다. 이스라엘은 '보복'을 넘어 가자 지구를 완전히 폐허로 만들고 집단 학살이라는 끔찍한 범죄를 저질렀습니다. 구호식량 반입조차 이스라엘이 막은 탓에 굶어 죽어가는 앙상한 가자 지구 아이들. 그 처참한 현실이 세상에 알려지는 것을 막기 위해 기자들마저 죽이는 이스라엘. 세계를 경악에 빠뜨린 사건은 아직도 진행 중입니다.

저자는 "오늘날 현실이 댐이 무너져 쏟아지는 거센 물살처럼" 느껴져서 이 책을 쓰기로 마음먹었다고 말합니다. 오랫동안 아랍계 무슬림 주민들이 유대인이나 베두인 유목민을 비롯해 여러 종교와 민족을 아우르며 함께 살아왔던 팔레스타인 땅에, 어떻게 1948년 '유대 국가' 이스라엘이 건국됐을까요? 그리고 그 뒤에는 어떤 일이 일어났을까요?

참으로 복잡하고, 야만적이며, 수많은 이들에게 엄청난 비극을 안겨준 역사였으나 저자는 이 책에서 그 역사를 모두 다루지는 않습니다. 자신이 할 줄 아는 것은 "다른 사람들의 이야기를 전하는 것"이라고 말할 뿐이지요. 하지만 만노키가 전하는 이야기들을 쭉 듣다 보면 그 땅의 사람들이 살아온 과정, 즉 그들의 역사가 어떤 역사책에서보다 생생하게 전해져옵니다.

저자는 그 현실을 살아가는 사람들의 목소리와 함께, 우리가 꼭 알아야 할 몇 가지 키워드를 설명합니다. 독자들은 이스라엘 유대인들의 독특한 집단 농장인 '키부츠'에 대해, 유대인들의 팔레스타인 이주와 이스라엘이라는 국가의 수립이 원래 그 땅에 살던 주민들에게는 '나크바'(재앙)가 된 사연에 대해, 난민으로 내몰린 사람들의 저항에 대해, 이스라엘인들이 국제 사회에서 불법으로 간주되는 유대인 '정착촌'을 만들어간 과정에 대해 듣습니다.

저자는 빼앗은 사람들, 빼앗긴 사람들, 저항하고 싸우는 사람들, 갇힌 사람들의 이야기를 독자들에게 전달할 뿐이지만 그 이야기들을 통해 우리는 역사를 배우고 비극을 바라보는 눈을 갖게 되지요.

이 책이 쓰인 건 2024년 여름인데, 그 후로도 전쟁은 계속됐습니다. 전쟁이 시작된 지 꼬박 2년이 지난 2025년 10월 7일 기준으로 확인된 가자 지구와 이스라엘의 사망자 수는 7만 명이 넘습니다. 사망자 대부분은 팔레스타인 사람들이지요. 기자, 학자, 인도주의 지원 활동가 등도 500명 넘게 목숨을 잃었습니다. 또 이 책에도 언급된 가자 지구의 식량 부족 사태로 인해 숱한 이들이 말 그대로 굶어 죽는 상황이 벌어졌습니다. 그러다 미국의 중재로 휴전안이 승인되어, 이스라엘은 공격을 중단하고 하마스는 이스라엘에서 끌고 간 인질들을 모두 석방하기로 했습니다. 하지만 협상할 사안이 아직 많이 남아 있습니다.

팔레스타인의 비극은 언제 끝날까요. 우리는 무엇을 할 수 있을까요. 저자는 "하려고만 하면 언제든 무어라도 할 일은 있다"고 말합니다. "사건들을 이해하려고 노력하고, 모든 이들의 말에 귀 기울이고, 그들이 왜 그런 선택을 했는지를 이해하는 것. 그 불편한 '관점'이라는 자리에 우리가 서야" 한다고 말입니다. 가장 중요한 '관점'으로 저자가 얘기하는 것은 '인간에 대한 믿음'입니다.

과연 이 처참한 폭력 앞에서 인간에 대한 믿음을 가질 수 있을까요?

충분히 가능합니다. 슬프고 잔혹한 이야기들 사이사이에 저자는 희망을 주는 인물들, 평화와 공존을 바라며 애쓰는 이들의 이야기를 함께 전합니다. 집에 총을 든 사람들이 쳐들어왔던 기억 때문에 잘 때도 두 팔을 들고 자는 팔레스타인 아이나, 영국이 얼마 전 제재를 가한 유대 극우파 다니엘라 와이스 같은 이들도 있지만 팔레스타인인과의 공존을 꿈꾸는 정착민 에렐라, 점령의 폭력으로부터 베두인족을 보호하는 가이 같은 사람들의 이야기도 나옵니다. 모두 우리가 들어야 할 소중한 목소리들입니다.

국제 전문 저널리스트

구정은

66

저는 그들과 달리 우리 모두 여기에 머물러야 한다고 믿어요.
우리가 힘을 합쳐야 더 나은 미래를 만들 수 있을 테니까요.
두렵기는 하지만, 이스라엘인과 팔레스타인인 모두를 위한
미래를 꿈꾸기를 멈추지 않을 거예요.
다 함께요.

99

## 일러두기

이 책은 가브리엘레 잔니의 귀중한 지원으로 제작되었습니다.

9장 '보호하는 존재'는 2024년 7월 26일 자 〈라 스탐파〉 지에 실린 프란체스카 만노키의 기사 '평화만 바라는 이스라엘 젊은이들'을 바탕으로 했습니다.

10장 '가진 건 돌멩이뿐'은 2024년 8월 25일 자 〈라 스탐파〉 지에 실린 프란체스카 만노키의 기사 '그렇게 서안 지구는 테러의 인질이 되었다'를 바탕으로 했습니다.

본 책에 수록된 지도들(28, 39, 82, 107, 128, 171, 190, 238쪽)은 해당 장소의 영토 및 경계선, 지형을 최대한 재현했지만 실제 축적이 적용된 것은 아닙니다. 지도상의 거리와 위치가 실제 지리와 완벽하게 일치하지는 않더라도 독자들이 지리적·시각적 참고로 삼아 본문 내용을 이해하는 데 유용할 것입니다. 또한 이 책이 인쇄된 시점(2024년 여름)의 상황을 반영하여 영토의 상황을 재현했음을 밝힙니다.

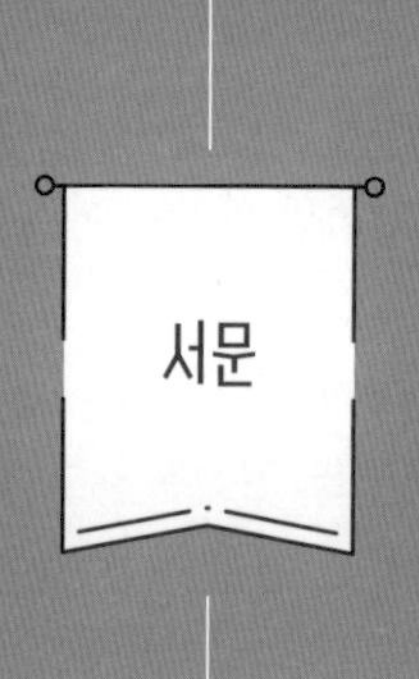

서문

사랑하는 여러분,

　제가 여러분에게 이 글을 쓰는 지금은 2024년 여름입니다. 10월 7일 이스라엘에서 **하마스**(48쪽 참조)가 학살을 저지르고, 이스라엘군이 **가자 지구**(38쪽 참조)에서 극악무도한 군사 공격을 시작한 지도 9개월이 지났습니다. 저는 그 지역을 일곱 번째 방문하고 돌아오는 길이고, 이제부터 두 민족이 살고 있는 그 지역에 대한 이야기를 해보려 합니다.

　지난 며칠 동안 저는 심호흡을 하면서, 중동의 뜨거운 여름 바람을 온 몸과 얼굴로 맞았습니다. 이번 방문에서는 이전보다 기다리는 시간이 훨씬 길었습니다. 기다리는 동안 베두인 청년과 돌 위에 앉아 있기도 하고, 어느 천막 아래에서 곁의 베두인 노인이 지평선을 바라보며 하는 옛 이야기를 듣기도 했죠. 어린 시절 양과 염소를 데리고 다니며 풀을 먹인 곳이 정확히 어디였는지,

그사이 노인의 어머니가 그 천막에서 기다리고 있었다는 등의 이야기였어요. 또 어느 때는 **정착민들의 폭력**(95쪽 참조, 이들이 누구이고 왜 그토록 공격적으로 행동하는지는 이 책을 읽으면서 알게 될 겁니다)으로 위협을 느끼고 있던 팔레스타인 지역 사회를 보호하는 이스라엘 활동가 가이 씨와 함께 있기도 했습니다.

저는 그들의 말이 희망의 씨앗을 어루만져주기를 바랐지만, 학살과 굶주림에 대한 말과 이미지만 끊임없이 밀려들어왔습니다. 이쯤 되면 이렇게 생각하게 됩니다. 내가 할 수 있는 일은 아무것도 없다고요. 아니, 그렇지 않습니다, 여러분. 하려고만 하면 언제든 무어라도 할 일은 있어요. 뒤로 돌아가서, 테이프를 되감고, 사건들을 다시 정렬하여, 이해하려고 노력하고, 모든 이들의 말에 귀 기울이고, 그들을 형제라고 느끼지는 못하더라도 그들이 왜 그런 선택을 했는지를 이해하는 것, 그 불편한 '관점'이라는 자리에 우리가 서야 합니다.

오늘날 현실이 댐이 무너져 쏟아지는 거센 물살처럼 느껴졌습니다. 그래서 이 책을 쓰기로 마음 먹었어요. 저와 여러분 주변에 넘쳐나는 말과 이미지들을 정리하고 싶었어요.

이 책은 이스라엘과 팔레스타인 간의 분쟁을 정리해보겠다는 야망도, 의도도 없습니다. 그런 생각을 한다면 제가 교만한 것이죠. 저는 이 책에서 그저 제가 할 줄 아는 것만 했습니다. 다른 사람들의 이야기를 전하는 것 말입니다. 제가 직접 보고 곧바로 마음으로 공감했던 것들, 그저 듣는 일조차 힘겹고 버거웠던 일들을 담았습니다. 제가 전하는 이야기에 집중해주세요. 왜냐하면 거기에, 우리가 모르는 타인 속에, 우리가 편견 없이 들을 수 있다는 믿음 속에 세상에 대한 우리의 이해가 자리 잡을 수 있기 때문입니다.

이 책에는 세월에 따른 변화를 보여주는 지도 몇 장이 수록되어 있습니다. 지리가 역사를 좌우하는 경우가 많기에 유용하면서도 필수적인 요소지요. 또한 여러분이 지난 몇 개월 동안 자주 들었을 몇 가지 용어와 개념에 익숙해지도록 상세한 설명도 더 해두었습니다. 그 설명 박스들은 여러분의 공구 상자에 든 작은 드라이버라 생각하되, 여러분이 마음의 준비가 되고 진정 원할 때, 호기심이 발동해 더 많은 것을 알아내고 싶을 때 살펴보시기 바랍니다.

얼마 전 저는 타리크라는 팔레스타인 농부와 서안 지구의 움 알카이르Umm al-Khair에 위치한 그의 막사에 앉아 있었어요. 제가 타리크에게 성인이 된 후 가장 힘들었던 일이 무엇인지 물었더니 이렇게 답하더군요. "제 딸이 이 모든 폭력이 '왜?' 일어났는지 물을 때요. 저는 무슨 대답을 해야 할지 몰라 다른 곳에 가서 눈물을 흘린답니다."

다음 날은 길리라는 이스라엘 여성과 함께 있었어요. 그녀는 10월 7일 분노의 감정과 복수의 열망에(이스라엘에 그런 사람들이 많았죠) 사로잡히는 대신 같은 땅에 살면서도 이제껏 몰랐던 이들에게 마음을 열었습니다. 길리는 타리크가 사는 곳을 본 적도 없고 팔레스타인 사람들과 말을 섞어본 적도 없었어요. 그저 길리는 증오심에서 벗어나보려고 짐을 챙겨 나와 그들과 함께 숙식하면서 그들의 말을 배우기 시작했습니다.

"잘 모르면 이해할 수 없으니까요."

저는 타리크가 했던 말과 길리의 언어가 맞아떨어진다고 생각했어요. 타리크에게 활동가가 되기로 한 이유를 묻자 그는 이렇게 대답했거든요.

"모든 것에도 불구하고 인간을 믿기 때문이에요."

길리도 활동가가 되기로 마음먹은 이유를 설명할 때 똑같은 말을 했었죠.

여러분, 제가 수집한 이야기를 들려드리는 이유가 바로 이것입니다. 여러분이 인간에 대한 믿음을 잃지 않기를 바라기 때문이에요.


이 책을 읽는 시간이 여러분에게 유용하기를 바라며,

프란체스카

# 차례


추천의 글 ——— • 4
일러두기 ——— • 11
서문 ——— • 12

1장　**2023년 10월 7일** ——— • 22

연대기　**이스라엘과 팔레스타인의 짧은 역사** ——— • 56

2장　**헤브론 남부 언덕의 저항** ——— • 98

3장　**총을 거부하는 사람들** ——— • 126

4장　**난민 캠프의 삶** ——— • 146

5장　**저항은 무엇보다 문화적이어야 한다** ——— • 166

6장  **점령당한 사람들** ———— • 184

7장  **두 개의 법** ———— • 212

8장  **정착촌을 보는 상반된 시선** ———— • 228

9장  **보호하는 존재** ———— • 246

10장  **가진 건 돌멩이뿐** ———— • 258


**감사의 말** ———— • 270

"우리와 팔레스타인 사람들 사이에는 (…) 100년도 더 전부터 고름이 가득 찬 상처가 벌려진 채 드러나 있었다. 이제 그 상처는 종기가 됐다. 상처는 몽둥이로 치료할 수 없다. 그런 경우는 이제까지 본 적 없다."

_ 아모스 오즈,《아직 할 말이 많다: 마지막 수업Resta ancora tanto da dire. L'ultima lezione》


"살던 주인이 떠나면 집은 죽는다. 영원은 저 멀리서 밤의 여행자들에게 문을 열어준다."

_ 마흐무드 다르위시, 팔레스타인의 시인

# 1장

## 2023년

# 10월 7일

2023년 10월 7일 아침 6시경, 하마스의 무장 조직원들과 가자 지구에서 활동하던 다른 단체가 이스라엘 국가를 상대로 이제까지 본 적 없는 엄청난 공격을 가했습니다. 하마스는 이 공격을 '알아크사Al-Aqsa 홍수'라고 불렀어요.

이스라엘에는 진정한 홍수였던 그 공격이 벌어진 날은 굉장히 상징적인 의미가 있는 날입니다. 일단 샤바트Shabbat라는, 매주 토요일에 지키는 전통적인 휴식의 날이었고, 유대인들의 명절인 7일간의 순례 연휴 수코트Sukkot의 마지막 날이기도 했습니다. 그리고 그 하루 전날인 10월 6일은 1973년 10월의 전쟁, 즉 **욤키푸르**Yom Kippur **전쟁**이 발발한 지 50주년이 되는 비극적인 기념일이었습니다.

이 이름들과 날짜는 다음 장의 연대기에서 다시 보게 될 테니 기억해두세요.

당시 공격은 다양한 수단으로 여러 지역에서 전개됐습니다.

첫 번째 무기는 미사일이었어요. 가자 지구로부터 이스라엘을 향해 소나기 같은 직격탄이 쏟아졌죠. 그사이, 폭발물을 실은 드론이 가자 지구의 경계에 있던 관제탑과 감시 시스템을 공격했습니다. 또한 그 경계에서 이른바 '공격용 행글라이더'가 가자 지구를 봉쇄하는 철조망 너머로 공작원을 실어 날랐습니다. 다른 쪽 장벽들은 불도저로 무너뜨려 전투 부대를 이스라엘로 진입시켰죠.

이때 침략에서 일부 무장 단원들은 인질을 잡기 시작했습니다. 한편 다른 부대들은 참혹한 학살을 저질렀죠.


침략 초기 단계부터 전투원들은 네게브Negev 사막 북서쪽 지역까지 도달했습니다. 당시 이 지역의 레임Reim **키부츠**(31쪽 참조) 근처에서 슈퍼노바Supernova 음악 축제가 열리고 있었죠. 음악 소리가 드높이 울려퍼지는 가운데 3500명가량의 젊은이가 춤을 추었습니다. 어찌나 떠들썩했는지 초기에 일어난 폭발 소리가 가려질 정도였습니다.

축제가 한창이라 아무도 공중에 검은 점들이 떠다니는 것을 눈치 채지 못했습니다. 축제 참가자들이 촬영한 영상에서 그날의 점들이 선명하게 보이는데, 그 점들은 무장한 전투원들을 운송하는 행글라이더였습니다.

음악이 멈추고 전투원들은 춤을 추고 있던 군중에게 총을 쏘았고, 도망가려는 사람들을 쫓아가 최대한 많은 인질을 생포하려 했습니다. 슈퍼노바 음악 축제에서만 최소 364명이 사망했고, 30~40명이 포로로 잡혀 끌려갔습니다.

물론 피비린내 진동하는 학살이 일어난 것이 그 축제만은 아니었습니다.

무장 단원들은 국경을 넘어 군사 기지들과 스데로트Sderot 등의 도시, 크파르아자Kfar Aza나 비에리Be'eri 등 가자 지구에서 가까운 키부츠를 공격했습니다.

그 공격 이후 며칠 동안 남녀노소의 시신 수백 구가 발견됐습니다. 최종 집계된 총 사망자 수는 무려 1200명에 이릅니다. 이것은 **이스라엘이 건국**되고 **아랍-이스라엘 전쟁이 벌어진** 1948년 이후 단일 공격에서 발생한 이스라엘인 사망자 수로는 최다입니다.

이날도 매우 중요하니 기억해두세요. 이에 대해서는 언내기에서 더 자세히 살펴보겠습니다.

이 공격 중 납치된 사람의 수가 200명이 넘는데, 하마스의 목적은 아주 간단했습니다. 이스라엘인들을 가자 지구로 끌고 가

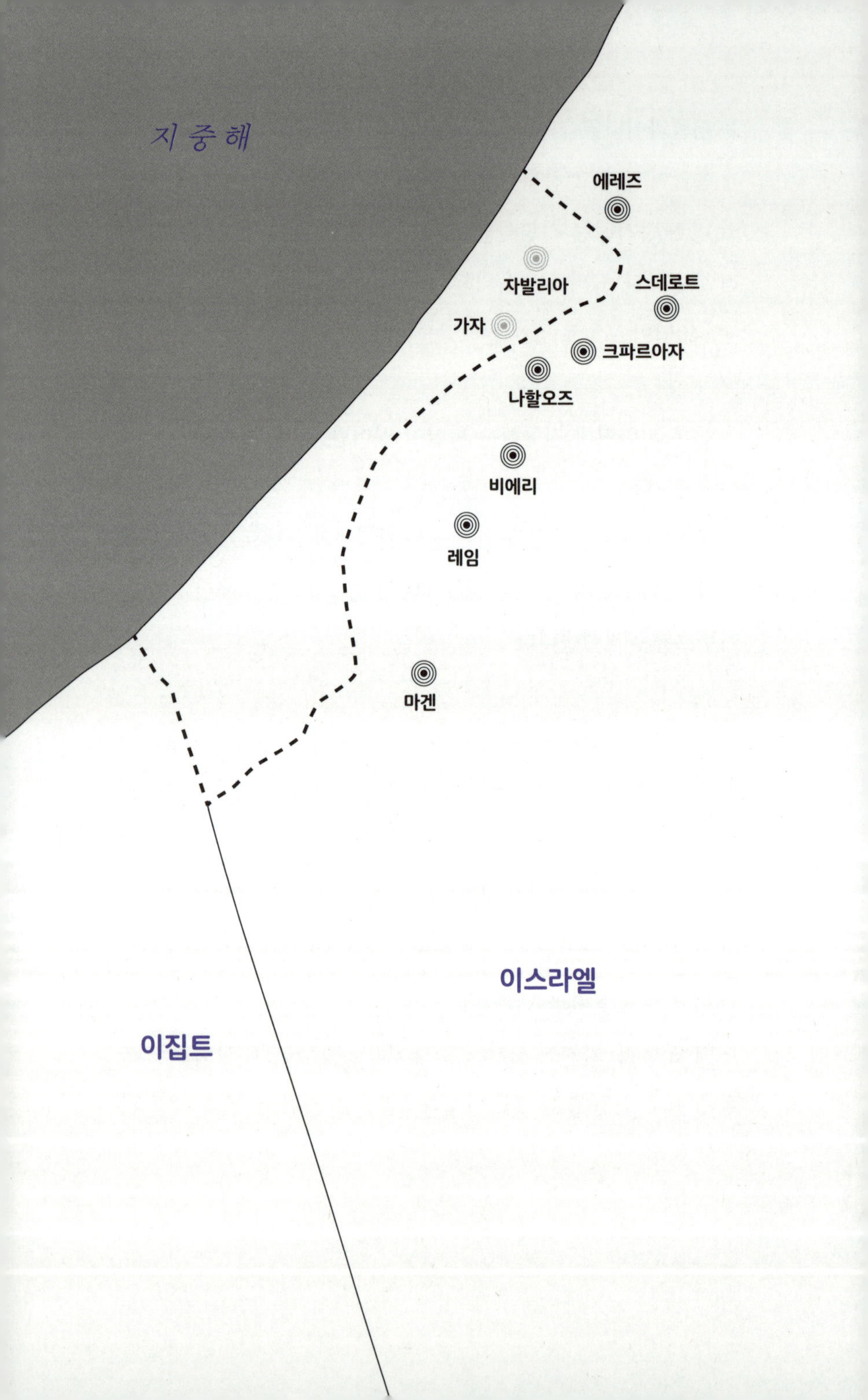

지중해
에레즈
자발리아
스데로트
가자
크파르아자
나할오즈
비에리
레임
마겐
이스라엘
이집트

이스라엘 군대에 보복하는 것이었죠. 그곳에서 이스라엘인들을 인질로 잡고 국가 전체를 압박할 생각이었습니다.

가자 지구 내 무장 세력의 손아귀에 있는 생존 포로들의 운명은 종전 협상에 달려 있습니다(2025년 10월 미국의 중재 아래 이스라엘군은 공격을 중단하고 하마스는 인질을 풀어주는 쪽으로 협상안이 합의됐고, 곧이어 인질이 석방되기 시작했다-옮긴이).

## 이스라엘로,
## 잔해 속으로 귀환

저는 상황이 허락하자마자 출발했습니다.

2023년 10월 말, 저는 혼란스러운 마음으로 이스라엘에 도착했습니다. 이후 몇 달간 여러 차례 이어질 방문의 첫 번째였습니다. 제 안에는 상황이 어떻게 바뀔지, 어쩌면 이미 완전히 바뀌었을지 모르는 것들을 알아내고 싶은 열망이 가득했습니다.

제가 도착한 벤구리온Ben-Gurion 공항은 고요했습니다. 전국적 애도 속에 이스라엘 미사일 방어 시스템인 아이언 돔Iron Dome의 사이렌 소리가 울려 퍼지고 있었죠.

10월 7일이 그날을 겪은 사람들에게 어떤 의미인지 독자 여러분이 이해할 수 있도록 생존자들에게 들은 이야기 몇 가지를 소개해보겠습니다. 공습 후 제가 처음 텔아비브Tel Aviv에 도착했을 때 그 생존자들은 이주민 수용센터로 재편된 시내 호텔 몇 곳에 수용되어 있었어요. 저도 그들을 그곳에서, 시간이 멈춘 것 같은 그 기다림의 연옥에서 만났습니다.

## 지바 여사의 생일

10월 6일 저녁(학살 전날), 지바 레비 여사는 레임 인근에서 가족, 친구들과 야외에서 자신의 여든여덟 살 생일 파티를 하고 있었습니다. 그날 만찬의 사진 속에는 떠들썩하고 유쾌한 긴 잔칫상이 펼쳐져 있었습니다. 지바 레비 여사 주위에는 자식들과 여덟 명의 손주들이 있었고요. 비디오카메라 한 대는 지바 여사와 남편 다비드가 부둥켜안고 춤추는 모습을 촬영했어요. 생일 파티장에서는 슈퍼노바 음악 축제 소리를 또렷하게 들을 수 있었습니다.

그 지역이 몇 시간 지나지 않아 대학살의 무대가 되리라고는 아무도 상상하지 못했습니다.

크파르아자 키부츠는 가자 지구에서 2킬로미터 거리에 있습니다. 이곳 주민들은 로켓 소음에 익숙해져 있어요.

지바 여사가 자신이 느끼는 두려움과 어떻게 균형을 이루며 사는지를 설명하자면, 이러한 장면을 생각해보면 됩니다. 지바 여

# 키부츠

키부츠Kibbutz는 히브리어에서 유래된 말로, '공동체' 혹은 '모임'이라는 뜻입니다.

키부츠는 원래 팔레스타인에 살던 유대인이 설립한 집단 경영 방식의 농업 공동체입니다. 지금도 여전히 운영 중인 데가니아Degania는 1910년에 설립된 최초의 키부츠로 알려져 있고, 1990년대 말까지 여러 키부츠들이 결성됐습니다. 현재 추산으로는 약 250개 정도에 이르고 12만5000명에 이르는 시민이 참여하고 있죠.

이스라엘이 건국하자마자(1948년) 키부츠들은 유대인들을 다시 데려와 팔레스타인에서 살게 하려는 계획을 실행하는 주요 수단이 되었습니다. 실제로 수많은 유대인 집안이 전 세계에서 이주해왔습니다. 유대인들이 나치의 박해를 받았다는 점을 생각해보면 이해가 될 겁니다.

이 정착지들은 제각각 달랐지만 모두 사회주의적 경제 이념(경제적 평등의 원칙)과 **시오니즘** 정신에 기초를 두고 있었습니다. 키부츠들은 민주적으로 운영되었고, 수익은 공동체 구성원들에게 분배되었죠. 사회주의 유토피아의 현실화라고 보면 될 것

사는 말합니다. 키부츠는 자신에게 천국이었다고요. 물론 경보가 울리고 대피실로 달려가야 했던 몇 분 동안은 예외였죠. 그건 몇 년 동안 반복되어온 지옥 같은 장면이었어요.

그리고 10월 7일 '검은 토요일' 오전 6시 30분, 천국 크파르아자에서 경보가 울렸고, 지바 여사는 본능적으로 경보가 울릴 때마다 하던 행동을 했습니다. 물을 챙겨 지하 대피실로 가져가면서 지바 여사는 잠시 후에 주방으로 돌아와서 자신과 남편 다비드가 마실 커피를 끓여야겠다고 생각했습니다.

그러나 몇 분 뒤 대피실에 전기가 끊기고 비상등마저 꺼졌습니다. 지바 여사는 어찌 된 일인지 알 수가 없었어요. 대피실의 철창을 닫아보려 했지만 불가능했습니다. 창살은 너무 녹슬었고, 지바 여사는 너무 지쳐 있었기 때문이죠. 잠시 후 아들에게서 전화가 왔습니다. "엄마, 키부츠 쪽으로 가는 길에 복면 쓰고 무장한 남자들을 봤어요. 침착하게 숨어 계세요." 그 뒤로 전화마저 먹통이 됐어요.

위층에서 노인용 기저귀를 깜빡하고 챙기지 않은 지바 여사는 담요를 허리에 단단히 동여맸습니다. 그 뒤로 20시간 동안 그것으로 용변을 해결해야 했죠. 그사이 대피실 위에서는 학살이 벌어졌습니다.

지바 여사는 거의 남편의 손을 꼭 잡고 있었고, 특히 두 사람 다 이제 끝이라는 생각에 다다랐을 때는 맞잡은 손을 더 꽉 움켜잡았다고 말했습니다. 위층에서 요란한 발소리와 총소리, 하마스 무장 단원들의 소리가 들렸습니다. 집 안으로 들어오기는 했지만 대피실까지는 오지 않았죠. 지바 여사와 다비드는 방 한쪽 구석 바닥에 최대한 공간을 덜 차지하도록 몸을 웅크리고 누웠습니다. 군인들이 문이나 창문 쪽에서 총을 쏘더라도 두 사람을 비껴갈 수 있도록 말입니다.

열세 시간이 지나 또 다른 발걸음 소리와 언어가 들렸어요. 이번에 들린 것은 그들의 언어였습니다. "레비, 나와도 돼요. 마글란도 왔어요. 두 분을 모시러 왔어요." 그들은 이스라엘 방위군 정찰부대 소속으로, 첨단 기술과 무기를 이용해 적의 방어선 뒤에서 작전을 수행하도록 훈련 받은 요원들이었습니다.

지바 여사가 문을 열자, '해방'은 그들 앞에 파괴된 키부츠와 거리에 널부러진 시신들, 실종되거나 납치되어 가자 지구로 끌려간 사람들의 모습을 하고 펼쳐져 있었습니다.

## 셰파임 키부츠에 머무는 피란민들

공격받은 지역에서 피란 온 사람들을 위해 즉각 대피소로 사용된 또 다른 장소는 셰파임Shefayim 키부츠입니다.

저는 이른 아침에 셰파임에 도착했습니다. 단박에 이질감이 느껴지는 곳이었죠.

넓은 공원에서 수십 명의 아이들이 그네를 타거나 두 팀으로 편을 갈라 출입문을 임시 골대 삼아 축구를 하며 놀고 있었습니다. 음식점 테이블에는 손님들이 가득하고, 아침 식사를 파는 카페도 마찬가지였습니다.

언뜻 보면 모든 것이 정상적으로 보였습니다. 셰파임이 탄생한 원래의 목적, 휴식하고 여유로운 시간을 보낸다는 바닷가의 목적이 지켜지고 있는 것처럼 말이죠.

그런데 그 테이블들 주위에서는 상반된 감정이 얽히고 있었습니다. 한쪽에서는 가까운 사람들의 소식을 들을 수 있어 기뻐하고, 다른 쪽에서는 사랑하는 사람들이 이미 죽은 것을 알고 상심해 있었죠. 그 사이로 아직 아무 소식도 없어 하염없이 기다려야만 하는 이들의 멈춰진 시간이 흘렀습니다.

세파임 키부츠는 삶의 장소인 동시에 상실의 장소이기도 했습니다.

카페 벽에 걸린 어린이들의 그림이 눈에 띄었습니다. 천진난만하지만, 공포심을 드러내는 그림들이었죠.

카페 입구에 놓인 악보대 위에 당일에 치를 장례식 시간표를 적은 하얀 종이가 놓여 있었습니다. 제가 본 날은 오전에 두 번, 오후에 한 번 치러질 예정이었습니다.

공격 이후 20일이 넘도록 시신들이 계속 가족들에게 인계되었습니다. 고인이 평생 살아온 공동체에서 장례를 치를 수 없다는 아픔이 따랐지요.

원래 결혼 피로연장이던 곳에 인도적 차원의 지원 물품이 쌓여 있고, 끝 방 테이블 주위에는 납치된 이들의 가족이 앉아 있었습니다. 다들 친구나 형제, 아버지나 어머니, 혹은 양친, 어린아이의 사진을 한 장씩 들고 있었습니다.


그날 제가 들은 수많은 이야기 중에서 오데드와 야미트의 이야기를 소개해보겠습니다.

두 사람은 이런 말을 시작으로 공습이 벌어지던 20시간 동안 네 살, 여섯 살 아이들을 숨어서 어떻게 돌봤는지 설명했습니다. "〈인생은 아름다워〉 아시죠?" 어린 아들이 전쟁과 홀로코스트의 공포를 느끼지 않도록 그 모든 게 게임인 척하는 어느 아버지를 그린 로베르토 베니니 Roberto Benigni 감독의 유명한 영화 말이에요. 오데드와 야미트도 그 10월 7일에 그렇게 했습니다.

두 사람은 대피소에서 놀이를 하는 척했어요. 대피소 위에 지옥이 없는 척했죠. 아이들에게 주위에서 들리는 총소리는 군대에서 훈련하는 소리고, 위험할 때 군인들이 우릴 보호해주기 위해 훈련하는 것이니 두려워할 게 전혀 없다고 이야기했습니다.

오데드는 제게 그날 가장하는 법을 배웠다고, 아이들이 인질들 중에 고모인 도론도 있다는 사실을 몰랐기 때문에 그 거짓말을 오래 이어가야 했다고 설명했습니다. 오데드의 누이인 도론은 서른 살 여성으로 동물병원 간호사였습니다(도론은 2025년 1월 19일에 풀려났다-옮긴이).

오데드가 두 손으로 쥐고 있던 사진 속의 도론은 긴 금발 머리를 늘어뜨리고 환한 미소를 짓고 있었습니다. "도론이 돌아오면 좋겠어요. 도론은 제 누이이자 가장 친한 친구이고, 제 아이들이 가장 좋아하는 사람이에요."

오데드는 자신의 가장 큰 소망은 키부츠로 돌아가 가족이 살

던 집을 다시 짓고 아이들이 크파르아자의 키부츠 길을 뛰어다니
며 노는 모습을 보는 것이라고 말했습니다.

그리고 작별 인사를 하기 전, 제가 그곳을 떠나기 전, 잠시 조용
히 있다가 이렇게 말했어요. "이제 우리는 어느 곳에 있더라도 안
전하다고 느낄 수 없을 거예요."

가자 지구는 200만 명 이상의 팔레스타인인이 거주하고, 이스라엘 및 이집트에 둘러싸인 지중해 연안의 작은 지역입니다. 두 곳의 팔레스타인 영토 중 한 곳이죠. 다른 한 곳은 이스라엘이 점령한 서안 지구로, 예루살렘 동부를 포함하고 요르단 및 사해와 면하고 있습니다.

가자 지구는 오스만 제국의 일부였다가 **1918~1947년에는 영국의 통치를, 1948~1967년에는 이집트의 통치를 받았습니다.**

## ✦ 이스라엘의 통제

1948년 독립 선언 이후 거의 20년이 지난 뒤 이스라엘은 **1967년 전쟁**에서 이집트가 통제하던 지역에서는 가자 지구를, 요르단의 영향 아래 있던 곳에서는 서안 지구를 빼앗아 점령했습니다. 팔레스타인은 유엔 결의에 근거해 이 영토들이 자국 소유라고 주장하며, 장래에 팔레스타인 영토가 될 것으로 보고 있습니다.

## ✦ 분쟁의 땅, 가자 지구

이스라엘은 38년간 가자 지구를 통치했고, 이 기간에 가자 지구에 21개의 정착지를 건설했습니다. 긴장감과 폭력이 오랫동안 계속됐죠. 가장 힘든 시기 중 하나는 **첫 번째 인티파다**Intifada, 즉

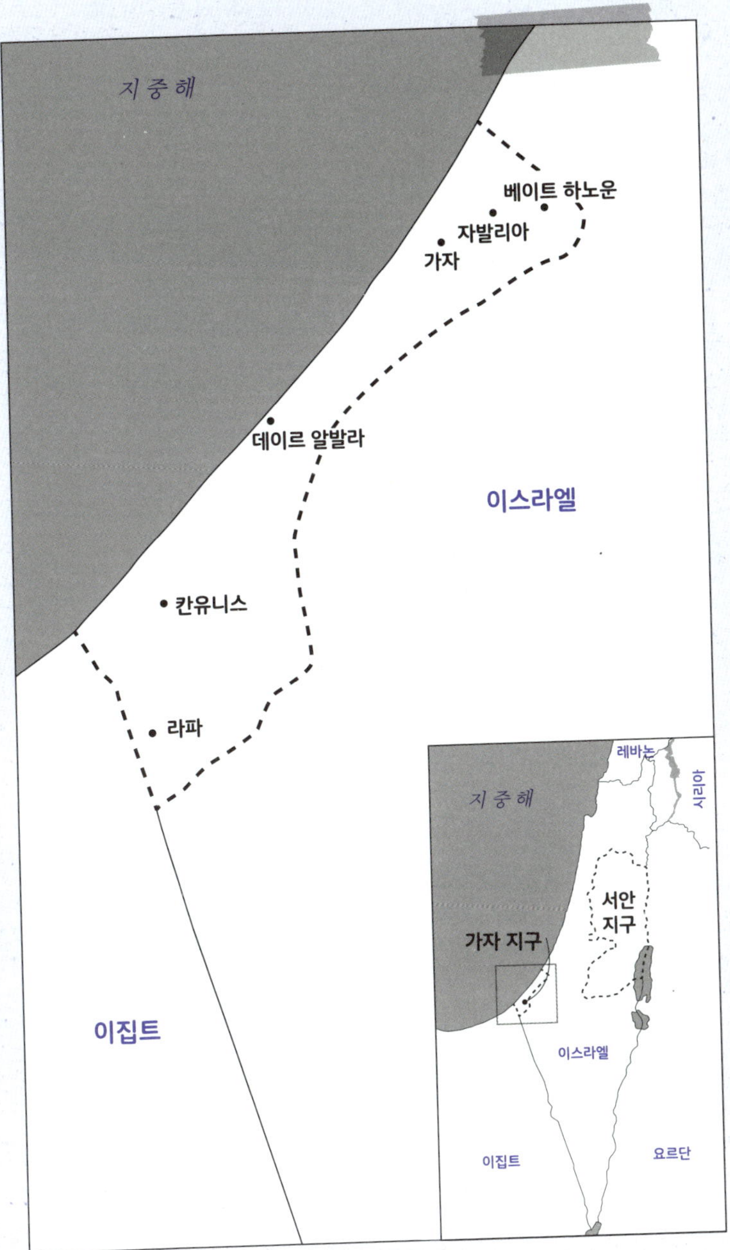

지 중 해
베이트 하노운
자발리아
가자
데이르 알발라
이스라엘
칸유니스
라파
이집트
지 중 해
레바논
시리아
서안
지구
가자 지구
이스라엘
이집트
요르단

팔레스타인 영토와 이스라엘에서 거의 6년 동안 지속된 시위
및 반란의 시기입니다. 이 유혈 사태로 이스라엘 총리 이츠하크
라빈 Yitzhak Rabin 은 1992년에 이런 말을 했습니다. "가자 지구가
바닷속으로 가라앉았으면 좋겠지만 그런 일은 일어나지 않을 테니
해결 방법을 찾아야 한다."

## ✦ 팔레스타인 정부의 통제

1993년 이스라엘과 팔레스타인해방기구 PLO 간에 체결된
**오슬로 협정**은 '팔레스타인 민족의 자립권'을 실현하는 것이
목적이었습니다. 1994년에는 팔레스타인이 가자 지구의 자치권을
획득했습니다.

평화를 위한 더 폭넓은 움직임 속에서 2003년 아리엘 샤론 Ariel
Sharon 총리는 **일방적 철수 계획**을 내놓았고, 이스라엘은 이를
실행했습니다. 가자 지구 내의 이스라엘인 정착지를 해체하는 이
계획에 일부 분석가들은 '평화주의적'이라며 찬성했지만, 그것이
일방적 반환이라는 이유로 이의를 제기하는 이들이 많았습니다.
이스라엘이 팔레스타인과 협상한 것이 아니었기 때문이죠.
팔레스타인인들은 이것이 가자 지구를 운명에 내맡겨버린
처사라고 보았습니다. 이스라엘은 자국의 행정 및 군 당국을 골치
아프게 만드는 그 처참하고 혼잡한 가자 지구를 더는 책임지고
싶지 않았던 것입니다. 하마스를 곤경에 빠뜨리는 방법이었다고

보는 시각도 있습니다. 하마스의 실질적 근거지가 가자 지구였기 때문이죠. 이스라엘 방위군 Israeli Defense Forces, IDF 이 철수하면 하마스는 식수·전기를 비롯해 식량·의약품 등 기본적인 생필품 공급 문제를 떠안게 될 상황이었죠.

2005년 이스라엘은 국내외에서 가해지는 압박으로 가자 지구의 통제권을 포기했고, 가자 지구에서 9000명의 정착민과 군대를 철수시켰습니다.

✦ **가자 지구는 누가 통치했을까요? 하마스는 언제 통치권을 잡았을까요?**

점령된 팔레스타인 영토의 두 주요 정당 중 하나인 하마스는 1990년대에 오슬로 협정을 중재하는 과정에서 팔레스타인 지도층과 충돌했습니다. 하마스는 2006년 선거에서 승리해 **가자 지구에서 집권했고**, 이때부터 선거가 치러지지 않았습니다. 이스라엘은 가자 지구에 대한 통제권을 포기하기는 했지만, 2007년부터 **육상·공중·해상을 모두 차단해** 그곳을 사실상의 야외 감옥으로 만들었습니다. 그 결과는 가자 지구의 팔레스타인인들에게 치명적이었고, 이를 두고 2009년 유엔은 이스라엘과 이집트의 봉쇄가 가자의 '생계 수단을 파괴했다'고 발표한 바 있습니다. 인권 단체와 유엔은 가자 지구가 사실상 이스라엘에 의해 군사적으로 점령되었다며 비난했습니다.

유엔은 가자 지구 봉쇄가 10년 남짓한 기간 동안 팔레스타인
경제에 약 170억 달러의 손실을 입혔다고 추정하고 있습니다.
국제적십자위원회는 지난 몇 년 동안 이 봉쇄가 제네바 협약
위반이라고 선언하며 가자 지구로 들어가려 했으나, 이스라엘
당국이 거부했죠.

## ✦ 10월 7일 이전에는 가자 지구 주민들이 어떻게 살았을까요?

인구 밀도가 높은 가자 지구는 물과 전기, 식품 등을 이스라엘에
상당히 의존하고 있었습니다. 가자 지구의 주요 수입품은 식품 등
기본 생활 필수품이었고, 소비재와 건축 자재도 가자 지구의 주요
산업 파트너인 이스라엘·이집트에서 들어왔습니다. 생과일과
야채의 대부분은 이스라엘 국경을 따라 운영되고 있는 농장에서
생산됐고요. 가자 지구에도 오래된 발전소가 있기는 했지만, 전기
역시 대부분 이스라엘에서 공급받았습니다. 대부분의 우물은
오염과 염분으로 망가졌고, 가자 지구 내 유일한 지하수층의 물도
10월 7일 이전부터 이미 90퍼센트 이상 식수로 부적합했습니다.

## ✦ 가자 지구의 인구 구성은 어떨까요?

가자 지구는 200만 명 이상이 거주하는 곳으로, 세계에서 가장 인구
밀도가 높은 지역 중 한 곳입니다. 이 지역에는 특히 어린 연령층이

많은데요. 유니세프UNICEF는 이 지역에 약 100만 명의 미성년자가
살고, 15세 미만이 인구의 40퍼센트를 차지한다고 추정했습니다.
유엔 팔레스타인 난민구호기구UNRWA(164쪽 참조)에 따르면 가자
지구 거주자 중 140만 명이 팔레스타인 난민입니다.
세계은행World Bank 통계에 의하면 이 지역은 세계에서 실업률이
가장 높은 곳이고, 유엔에서는 인구의 약 80퍼센트가 생존에
필요한 기본적인 서비스를 국제적인 지원에 의존한다고 추정하고
있습니다.

## ✦ 현재 가자 지구

이번에는 이 전쟁에서의 숫자, 즉 처음에는 하마스의 공격으로,
그다음에는 이스라엘의 공격으로 발생한 사상자 수와 파괴 실태
등을 살펴볼 것입니다. 10월 8일부터 전개된 이스라엘의 작전
방식도 살펴볼 것입니다.

이스라엘의 군사 행동은 초국가적 기관들, 예를 들어 유엔과
국제형사재판소, 국제사법재판소 등으로부터 수없이 많은
비판과 지탄을 받았습니다. 제가 이 글을 쓰고 있는 2024년 여름,
이스라엘은 집단 학살 혐의로 국제사법재판소의 재판을 받는
상태이고, 국제형사재판소는 이스라엘 총리 베냐민 네타냐후Benjamin
Netanyahu와 국방부 장관인 요아브 갈란트Yoav Gallant, 그리고 가자

지구의 하마스 지도자 세 명에 대한 체포 영장을 청구했습니다.

이들은 모두 전쟁 범죄와 반인류 혐의로 기소되었지만, 몇 가지 다른 점도 있습니다.

이스라엘 지도자들은 대량 학살을 유도하고 기아를 전쟁 수단으로 사용했으며(인도주의적 지원으로 공급되는 물품도 차단함), 고의로 민간인을 공격한 혐의를 받고 있습니다.

하마스 지도자들은 학살과 살인, 인질 납치, 강간에다 인질 구금과 2023년 10월 7일 이슬람 단체가 실행한 공격 이후에 저지른 성폭력에 대한 혐의를 받고 있습니다. 그날의 공격으로 이스라엘인 1200명이 사망하고, 5400명이 부상을 입었습니다. 또한 120명이 하마스에게 납치되어 가자 지구에 인질로 잡혀 있습니다. 인질 가운데 아직 생존해 있는 사람이 얼마나 되는지는 확실치 않습니다. 일부는 살해되고(이스라엘군이 실수로 죽인 경우도 있음), 일부는 살아 있을 것으로 예상됩니다(2025년 10월 현재 남아 있던 인질은 모두 석방되었고, 유해도 반환되는 중이다-옮긴이).

10월 8일에는 가자 지구에서 하마스를 상대로 한 이스라엘의 군사 작전이 시작되었습니다.

점령된 팔레스타인 영토 내 인권 문제를 다루는 유엔 특별보고관 프란체스카 알바네세 Francesca Albanese 가 작성한 보고서에 의하면, 팔레스타인을 공격하는 동안 이스라엘은 대량 학살에 대한 비난을 피하기 위해 전쟁을 규제하는 몇 가지 기본 법률을 왜곡했습니다.
이 책에서는 이에 대한 예를 두 가지만 들어보겠습니다.

첫 번째 사례는 이스라엘이 민간 시설과 군사 목표 시설물 간의 구분을 없앤 것입니다. 이것이 무엇을 의미할까요? 이스라엘군은 민간 시설(예를 들면 병원과 학교)을 합법적인 군사 표적으로 만들고, 하마스의 구성원들도 그런 시설에 숨어 있다고 주장하며 자신들의 파괴 행위를 정당화했습니다. 2023년 12월 중순, 즉 가자 지구에서 이스라엘이 작전을 개시한 뒤 약 두 달이 지나자 주거 지역의 70퍼센트를 비롯해 모든 대학, 그리고 교육 시설의 60퍼센트가 파괴되었습니다.

보건 시설의 경우, 2024년 7월 기준으로 가자 지구 전역에 있는 병원 36곳 가운데 23곳이 문을 닫았고, 나머지 13개 병원도 부분적으로만 운영되었습니다. 이로 인해 폭격 피해를 입은 사람들뿐만 아니라 가자 지구의 생활 여건 악화로 인해 영양실조 등 갖가지 질병을 앓게 된 사람들은 심각한 위험에 빠졌습니다.

프란체스카 알바네세가 보고한 두 번째 사례는 '인간 방패'라는 개념입니다. 인간 방패란 공격을 피하기 위해 '군대는 민간인을 표적으로 삼을 수 없다'는 국제인도법상의 규정을 이용해 민간인을 도구로 삼는 행위를 말합니다. 하마스의 테러 공격이 발생하고 며칠 지나지 않아 이스라엘은 육상 침공을 예고하며 가자 지구 북부에 거주하는 100만 명 이상의 팔레스타인인들에게 대피하라고 명령했고, 가자 지구 남부를 안전 지대로 지정했습니다. 그 발표 이후부터 가자 지구 북부에 남은 사람들은(병자와 부상자 포함) 모두 인간 방패이자 하마스 테러의 공범자로 간주됐습니다. 민간인이 합법적인 군사 표적이자 이스라엘 공격의 부수적인 피해자로 취급된 것입니다.

하마스가 통치하는 가자 지구의 보건부 발표에 따르면, 2023년 10월 7일부터 2024년 7월 10일까지 팔레스타인인 3만 8345명이 사망하고, 8만 8295명이 부상을 입었습니다.

이 수치는 매일 증가하고 있으며, 상당히 축소 집계된 것으로 추정됩니다. 과학지 〈더 랜싯 The Lancet〉에 실린 한 연구에서는 폭격당한 건물 잔해 아래 묻힌 희생자의 수가 1만 명 이상일 수 있다고 추정했습니다. 그 외에도 수만 명이 이미 사망했거나 '간접적인 영향'에 의해, 즉 열악한 보건 및 식량 상황에 의해 조만간 사망할 것으로 추정되고 있습니다.

또한 이 연구에 의하면, 전쟁이 2024년 7월에 끝난다 해도 총 팔레스타인 사망자 수는 18만 6000명에 달할 수 있습니다(더 많을 수도 있음). 이는 가자 지구 전체 인구의 7.9퍼센트에 이르는 수치입니다.


가자 지구에서는 2024년 7월, 190만 명 이상(10명 중 9명)이 살던 집을 버리고 다른 곳으로 이주해야 하는 등 인도주의적 차원의

위기를 겪고 있습니다. 이스라엘의 작전 범위가 점차 가자 지구 전역으로 확대되면서 두 번 이상 거주지를 옮겨야 했던 이들도 많습니다.

어린이의 경우 100만 명 이상에게 심리 지원이 필요하고, 약 1만7000명이 부모와 함께 지내지 않는 것으로 추정됩니다.

식량이 부족한데도 이스라엘 정부와 극단적인 유대교 정착민들로 구성된 주민들의 반대 때문에 자선 지원 물품이 극소량만 들어가는 실정입니다.

가자 지구 인구의 96퍼센트가 식량 부족 불안에 시달리는 것으로 추정됩니다. 가자 지구 거주민의 거의 대부분이 굶주림을 해결할 수 있을 만큼의 식량을 보유하지 못했고, 그로 인해 병에 걸릴 가능성이 매우 높다는 뜻이지요. 여기에 의료 시설 및 병원이 부족하고, 자선 단체의 주민 지원 활동이 어렵다는 점까지 더해져 사태는 점점 더 악화하고 있습니다.

하마스Hamas는 아랍어로 '하라카트 알무카와마 알이슬라미야Harakat al-Muqāwwama al-Islāmiyya'의 약자로 '이슬람 저항 운동'을 의미합니다.

하마스는 예전부터 지금까지 팔레스타인의 정치에서 매우 중요한 역할을 해온 급진적인 이슬람주의 운동입니다. 하마스는 이제까지 다양한 변화를 거쳐왔는데요, 팔레스타인 주민들에게 복지 서비스를 제공하는 운동이었다가 무장 부대를 거느린 정당이 되어 테러 공격을 통해 이슬람주의 운동의 요구 사항을 관철하려 하기도 했습니다.

유럽연합과 미국을 포함한 수많은 국가는 이 무장 부대를 테러 조직으로 여깁니다. 심지어 이슬람주의 운동 전체를 그렇게 보는 경우도 있지요.

이제부터 하마스에 대해 차근차근 살펴보겠습니다.

## ✦ 하마스의 근원, 무슬림 형제단

하마스는 팔레스타인 성직자이자 무슬림 형제단 활동가인 아메드 야신 Ahmed Yassin이 설립했습니다. 이 무슬림 형제단은 이슬람주의 및 극단주의 정치 운동으로 이집트에서 생겨나 전 세계로 확산되었고, 수십 년 후 하마스가 될 세력의 뿌리라는 면에서 매우 중요합니다.

무슬림 형제단이 팔레스타인에서 확산되던 때 담당한 역할은 두 가지였습니다. 한편으로는 자선 단체로서 팔레스타인 주민들을 지원했고, 다른 한편으로는 이른바 '정치적 이슬람'을 발전시키고 퍼뜨리는 운동을 전개했습니다. 즉, 정치와 종교를 깊이 결부해 생각하고 그것을 행동으로 옮긴 것이지요.

1967년 이후, 즉 **6일 전쟁** 이후부터 팔레스타인 무슬림 형제단의 사회주의 프로그램에는 이미 명확한 정치적 노선이 드러나 있었습니다. 정체성을 단단하게 재건해야만 국가도 구원될 수 있다는 개념이며, 이에 따라 아메드 야신은 스승의 입장에서 청소년들의 교육에 집중했습니다. 1960년대 말에 그는 훗날 하마스의 지도자가 될 청소년 단체의 구심점이 되었습니다.

6년 전쟁과 가자 지구 및 서안 지구 점령 이후 팔레스타인인의 생활 여건은 심각하게 악화했고, 그러한 맥락에서 아메드 야신과 그의 추종자들이 팔레스타인 주민을 위해 개입한 것입니다.

이스라엘 정부는 이들의 행동을 용인했고, 두 가지 이유로 간혹 독려하기도 했습니다. 아메드 야신 세력이 팔레스타인인들을 물질적·정신적으로 지원하는 동시에 이스라엘이 진정한 위협 요소로 보는 세속적이고 고도로 정치화된 운동인 PLO(팔레스타인 해방기구)를 약화시키기 때문입니다.

가자 지구에서 활동하는 무슬림 형제단과 서안 지구에서 활동하는 무슬림 형제단은 몇 년에 걸쳐 대학과 모스크로 점점 확산되었는데,

두 영토의 경제 여건이 매우 달라 성장 양상이 차이가 났습니다.
서안 지구에서는 팔레스타인 주민들이 더 부유하고 지원 활동의
필요성이 덜한 편이라 이슬람 포교에 더 집중할 수 있었습니다.
반면 가자 지구의 무슬림 형제단은 극빈층 주민들을 위한 지원
활동(병원, 학교, 법률 지원)에 치중했습니다. 이러한 차이는 훗날
2007년에 두 지구가 명확하게 분리되면서 확연하게 드러나게
됩니다.

1970년대 말부터 무슬림 형제단은 점차 변모하기 시작했습니다.
종교·자선 단체에 가까웠다가 점점 이스라엘 점령에 반대하는
정치·군사 운동이 되어갔지요. 전투 조직이 최초로 결성돼
이스라엘에 대항하는 공격에 관여했고, 팔레스타인 주민들의
지지를 얻기 위해 저항 세력 내에서 PLO는 물론, 야세르
아라파트Yasser Arafat의 정당인 파타Fatah와도 경쟁했습니다.

## ✦ 하마스의 탄생

하마스는 1987년 제1차 인티파다의 발발과 동시에 공식적으로
창립했지만, 다음 해 8월에 발표된 헌장(미타크Mithaq)이야말로
하마스의 진정한 시작을 알린 문서입니다. 이 긴 헌장은 수많은
종교적 내용과 함께 무장 투쟁에 대한 전형적인 선전도 담고
있습니다.
이 헌장에서 가장 중요한 내용은 하마스 운동과 이스라엘-

팔레스타인 간 갈등의 향방을 좌우하는 대목, 즉 팔레스타인에 관한 것입니다. 하마스는 팔레스타인 전역에 대한 권리를 주장하며, 이를 와크프waqf, 즉 양도나 협상되지 않는 무슬림 공동체의 신성하고 영원한 재산으로 정의했습니다.

이러한 입장은 곧 이스라엘의 존재에 대한 확고한 거부로 이어졌습니다. 이스라엘은 하마스의 창립 헌장에 "이슬람이 제거할 때까지만 존속할" 국가로 규정되어 있습니다. 그러나 하마스의 지도자들은 때때로 1967년 전쟁에서 이스라엘이 점령한 팔레스타인 영토를 국가로 인정하는 조건으로 이스라엘 지도자들에게 장기 휴전(아랍어로 후드나hudna)을 제안하기도 했습니다.

1989년 이스라엘은 하마스를 테러 조직 명단에 올리고, 창립자인 아메드 야신을 체포했습니다. 야신의 빈자리를 메우고 하마스 지도부를 보호하기 위해 팔레스타인 영토와 해외에서 모두 제대로 된 사무실과 업무 구조를 갖추어야 했습니다.

그 사이 PLO와 하마스의 격차는 점점 더 벌어지고 있었습니다. PLO는 이스라엘 국가를 인정할 가능성을 고려하고 오슬로 협정에 서명했으며, 하마스는 완고한 팔레스타인 해방 운동으로 정착하려 했습니다. 1992년 하마스의 무장 조직 이즈 알딘 알카삼Izz al-Dīn al-Qassām 여단이 활동하기 시작해 1994년부터 연이은 자살 공격을

감행하면서 오슬로 협정으로 가동된 평화 프로세스가 수포로
돌아갔죠.

이스라엘과 팔레스타인 간의 평화 회담은 2000년 9월
**제2차 인티파다**, 즉 아크사Aqsa 인티파다를 시작으로 완전히
결렬되었습니다. 이 기간에 하마스는 여러 차례에 걸친 자살
테러를 통해 버스와 카페 등 공공 장소를 공격하면서 이스라엘
민간인 및 군대에 많은 희생자를 냈습니다.

## ✦ 하마스의 집권

2004년은 하마스에 매우 중요한 해였습니다. 차로 이동 중인
아메드 야신을 이스라엘 군대가 미사일 공격으로 살해한 때였지요.
그뿐만 아니라 이스라엘이 가자 지구에서 일방적으로 철수하기로
결정했죠. 2005년 9월까지 가자 지구에 있는 정착촌을 전부
철수하기로요.

이 시기 하마스는 군사 활동과 자살 공격을 중단하기로 했습니다.
팔레스타인 주민들이 인티파다의 폭력에 지쳐 있었기에 하마스는
방식을 바꾸어 오슬로 협정으로 시작된 민주적 절차에 참여하는
길을 선택한 것입니다.

그 일환으로 하마스는 2006년 처음으로 선거에 뛰어들어 가장
큰 정치 경쟁자인 파타당에 도전장을 내밀었습니다. 하마스의
승리는 압도적이었고, 이 파장은 중동을 넘어 국제 여론까지

뒤흔들었습니다. 테러 조직으로 분류된 하마스가 팔레스타인 의회에서 과반수를 차지했기 때문입니다.

하마스가 선거에서 이길 수 있었던 이유는 무엇일까요? 세 가지를 원인으로 들어볼 수 있습니다. 첫째, 하마스는 PNA(팔레스타인 자치정부)의 별 성과 없는 평화적 정치에 실망한 팔레스타인 사람들의 항의 표를 얻었습니다. 둘째, 제2차 인티파다와 가난에 지친 팔레스타인 시민들이 자신들에 대한 억압을 촉발한 폭력의 주요 원인이 되기는 했으나 아직까지 이스라엘에 맞서 저항하는 유일한 세력으로 하마스를 인정했습니다. 셋째, 자선 단체로서 수 년간 해왔던 시민 지원 활동을 유권자들의 지지로 전환하는 하마스의 능력도 상당히 큰 영향을 끼쳤습니다.

하마스의 집권은 서방 국가들과 이스라엘의 반대에 부딪혔습니다. 그때까지 PNA와 가자 지구에 지원되던 자금이 동결되었고, 이로 인해 가자 지구 거주민을 비롯해 팔레스타인 주민들의 생활 여건이 악화되었습니다.

또 다른 팔레스타인 정당인 파타당과의 관계에도 금이 갔습니다. 몇 가지 사건이 발생해 두 정치 집단 사이에 실질적인 전쟁이 터졌죠. 이것이 가자 전투인데, 2007년 6월에 최고조에 이르세 됩니다. 알카삼 여단 군인들이 '인간 사냥'식 작전으로 가자 지구 공격을 개시했습니다. 이들의 목적은 정치인과 PNA 보안 기관 및 파타당의 책임자들을 제거하는 것이었습니다.

이 전쟁의 폭력은 참혹했습니다. 100명 이상의 팔레스타인인이 살해됐고, 600명 정도는 이스라엘로, 2500명 정도는 이집트로 탈출을 시도했습니다.

전쟁이 끝나고, 팔레스타인 파벌 내의 분열은 정치적으로나 지리적으로나 뚜렷해졌습니다. 가자 지구에서는 하마스 세력이 자리 잡았고, 서안 지구에서는 파타당과 PNA가 힘을 키웠죠. 이에 서방 세계는 즉각 반응했습니다. 한편으로는 PNA에 대한 제재(하마스의 승리 후 부과한 제재)를 풀고 파타당의 통제하에 있던 서안 지구를 인정하며, 다른 한편으로는 가자 지구를 창살 없는 감옥으로 만들었습니다. 실제로 가자 지구는 봉쇄되었습니다. 이스라엘과 이집트가 해안과 육로를 차단하고 있고, 주민들을 위한 생필품은 아주 소량만 유입되었어요. 이 시기부터 가자 지구 주민들이 라파Rafah 경계선 아래로 터널과 통로를 뚫기 시작했고, 그 통로를 통해 이집트로부터 식량·연료·의약품 등 생존에 필요한 모든 것을 조달받았습니다. 이스라엘 정부가 유엔 호송 부대의 가자 지구 진입을 자주 제지했기에, 유엔 기관들이 이러한 인도주의적 위기를 제대로 관리하기가 어려웠죠.

이 시기 이후로 하마스는 가자 지구에서 정치적인 차원만이 아니라 주민 서비스까지 아울러 통제하게 됩니다. 2017년 하마스는 창단부터 당시까지의 내부 변화에 대한 설명을 추가하여 새로운 헌장을 발표합니다. 이 헌장에서 하마스는 팔레스타인의 그 어떤

부분도 침해당하거나 양도되어서는 안 된다는 점을 거듭 강조하고,
이스라엘 국가의 합법성은 계속 인정하지 않았습니다. 다만
1967년 이전의 국경선을 기준으로 삼고 예루살렘을 수도로 하는
팔레스타인 국가의 수립 가능성을 명시해두었습니다.

이스라엘은 지난 몇 년 동안, 즉 **2008**년에 이어 2012년과 **2014**년,
그리고 **2021**년에 수차례 대규모의 **군사 작전**을 전개하며 가자
지구를 침공했습니다. 폭격과 지상 공격에도 불구하고 하마스는
가자 지구에서 계속 집권했고, 2023년 10월 7일 공격 때까지
끊임없이 이스라엘에 미사일을 발사했죠.

# 연대기

# 이스라엘과 팔레스타인의 짧은 역사

지난 몇 달 동안 제가 들은 이야기들을 계속 풀어놓기 전에, 여러분이 이 전쟁에서 방향을 잡을 수 있도록 나침반을 보여드리는 것이 좋겠네요. 먼저 그 맥락, 즉 그 역사를 이해하는 데 반드시 필요한 좌표부터 보겠습니다.

이제 이 땅에서 일어난 중요한 일들을 간략하게 연대순으로 정리해볼게요.

## 시오니즘

시오니즘은 유대 국가의 건국을 목적으로 하는 민족주의 정치 운동입니다. 시온Sion은 성경에서 예루살렘이 건설된 언덕 가운데 하나를 가리킵니다. 유대 전통에서 시온이라는 말은 이스라엘 영토 전체(에레츠 이스라엘Eretz Israel)와도 관련이 있습니다.

이 정치 운동의 이론적 기원은 1896년 테오도르 헤르츨Theodor Herzl이 쓴《유대 국가Der Judenstaat》라는 책에서 찾을 수 있습니다. 헤르츨에 의하면, 유대 민족을 적대하는 반유대주의는 영원히 끝나지 않을 증오심이며, 유대인들은 그들의 온전한 국가 내에서만 안전할 수 있습니다. 여기에서 시오니스트 운동의 주요 목적, 즉 유대 국가 건설이라는 목적이 생겨났죠. 이와 같은 방식으로 시온주의는 국가 형성 과정과 더 일반적으로는 그 시기 유럽의 특징인 민족주의적 흐름 속에 자리 잡게 됩니다.

1897년 바젤 회의에서 세계시온주의기구WZO가 탄생했을 당시 시오니즘은 대부분 러시아 제국 출신인 소수의 유대인들만이 지지하는 운동이었습니다. 그러다 소책자를 통해 시오니즘 이념을 유포하고, 신문을 발간하는가 하면, 문학과 예술 분야에서 '유대 르네상스'라 불리는 유행을 불러 일으켰습니다. 현대 히브리어도 대부분 이 시기에 발전했고요.

새로운 국가를 건설할 장소를 두고 여러 차례 논의를 거친 세계시온주의기구 지도자들은 성경에서 하느님이 유대인들에게 '약속한 땅'으로 언급된 팔레스타인 지역을 선택했습니다. 시오니즘의 창시자 대부분은 팔레스타인에 아랍 민족이 산다는 사실을 알았고, 가장 낙관적인 사람들은 아랍 공동체와 평화롭게 공생할 수 있으리라 생각했습니다. 그러나 일부 시오니스트들은 팔레스타인을 "땅 없는 민족을 위한 사람 없는 땅"으로 여겼습니다.

팔레스타인 영토를 정복하기 위해 시오니즘 운동은 다양한 방법을 동원했습니다. 초창기에는 팔레스타인인들로부터 토지를 사들였고, 이후에는 유엔 결의안과 군사력을 이용했죠. 최근에는 정부 권한을 이용해 수용하거나 행정 절차를 밟아 토지를 몰수하는 등의 수단을 이용했고요.

여기서 중요한 점은 시오니즘이 한 가지 형태만 취하는 것은 아니라는 점입니다. 바젤 회의를 시작으로 이 운동의 형태와 풍조가 다양하게 발전했고, 비록 형식은 다르더라도 모두 한결같이 이스라엘 국가의 건국과 발전에 기여했습니다.

1920년대부터 1970년대까지 주류를 이룬 것은 '노동 시온주의'로, 시오니즘과 사회주의를 결합하려는 흐름이었습니다. 바로 여기에서 이스라엘 국가의 역사를 형성한 지도자들 및 유대 민족의 현대사에서 가장 중요한 시오니스트 지도자인 다비드 벤구리온David Ben-Gurion이 등장했습니다.

그런데 시오니즘과 사회주의를 결합한다는 것은 무슨 의미일까요? 다비드 벤구리온의 이력을 살펴보는 것이 이를 이해하는 데 도움이 됩니다. 다비드 벤구리온은 1906년 시오니즘의 강력한 지지자가 되어 폴란드에서 팔레스타인으로 이주했습니다. 그는 사회주의자였습니다. 잠시 협동조합원으로 활동하기도 하고, 레닌Lenin(러시아 혁명의 주역)도 지지했죠. 팔레스타인으로 이주한 뒤 키부츠의 전신인 모샤바moshava라는 유대인들의 농업 공동체에 들어갔습니다. 바로 이 키부츠가 시오니스트 민족주의와 사회주의를 통합하는 상징 가운데 하나입니다. 이들의 이상은 모든 사람이 복지, 일자리, 주거를 동등하게 얻는 경제적으로 평등한 사회를 건설하는 것입니다. 또한 노동 시온주의는 세속적이었습니다. 다비드 벤구리온은 거의 평생 무신론자였고, 유대교의 교리와는 거리가 멀었지요. 토요일에도 일하고(유대인들에게 토요일은 샤바트Shabbat라는 휴일) 돼지고기를 먹었습니다(유대교에서는 돼지고기를 금지함). 구리온은 노년기에 접어들어서야 신을 믿기 시작했다고 말했습니다.

제1차 세계대전이 발발한 뒤 벤구리온 및 일부 시오니스트들은 오스만 제국과 동맹을 맺으려 했습니다. 오스만 제국이 이를 거부하자, 벤구리온은 오스만 제국과 싸우고 있던 대영 제국과 동맹을 맺었습니다. 수천 명의 유대인이 영국군에 입대했고, 이것이 시오니스트 운동의 군사화에 일조하게 됩니다. 얼마 후 팔레스타인을 통제할 국가, 즉 대영 제국과 가까워지는 계기도 되었죠.

시오니스트 운동이 군사화되자 블라디미르 자보틴스키Vladimir Žabotinskij가 이끄는 '수정주의'가 등장했습니다. 이들을 수정주의

자라고 부르는 이유는 열망하는 유대 영토의 경계를 수정해 유대 국가 내에 더 넓은 지역을 포함하려 했기 때문입니다. 수정주의자들은 유대 국가 건설에는 무장군이 반드시 필요하다고 주장했고, 이러한 기류에서 현재 우파 여당인 리쿠드당의 기반이 된 정치 조직이 형성되었습니다.

이 운동이 시작되던 시기, 다양한 종교적 갈래가 있었음에도 불구하고 정통 유대인(교리를 전통에 따라 엄격히 지키는 신자들)의 대부분은 반시오니스트였습니다. 이들의 신념에 따르면, 오직 신만이 유대인들을 약속의 땅에서 재통합할 수 있고 시오니즘은 신의 뜻에 위배되는 것이었습니다.

1917년 영국 정부는 팔레스타인에 유대인 '민족 본거지'의 건설을 보장하겠다고 약속하는 밸푸어Balfour 선언에 서명했습니다. 제1차 세계대전이 끝나고 영국의 팔레스타인 위임 통치가 시작된 뒤, 벤구리온은 세계 시온주의 운동의 핵심 지도자이자 팔레스타인의 유대인 지도자가 되었습니다. 그는 팔레스타인에 유대인을 불법적으로 대거 이주시키는 데 공헌한 인물 중 하나였고, 이주한 유대인들은 팔레스타인에서 있는 대로 땅을 사들였습니다. 20세기 초반, 팔레스타인 토지 매입 자금을 모으기 위한 흰색과 하늘색(이스라엘 국기에 사용된 두 색상) 상자들이 전 세계 유대인 거주 지역 가정과 상점에 비치됐습니다.

이스라엘 작가 아리 샤비트Ari Shavit의 말에 의하면, 1920년대부터 1930년대까지 아랍인과 유대인은 평화로운 공존이라고 할 수는 없지만 서로 관용을 보여주곤 했습니다. 한 예로, 텔아비브 근처의 아랍 도시 리다Lidda에 독일계 유대인 의사가 유대인 청소년들을 위한 학교를 설립해 현지 아랍 공동체로부터 상당한 존경을 받았습니다. 그 의사는 아랍 주민들에게 의료 서비스를 제공하고, 학교 아이들은 여러 마을을 견학하면서 아랍 문화를 배웠죠.

그러나 두 차례 세계대전 사이에 아랍인과 유대인 간에 긴장감이 고조됐습니다. 팔레스타인을 향한 유대인 이주민들의 물결이 계속되었고, 1929년 경제 위기가 닥쳤을 때는 특히 아랍 농민들이 어려워지면서, 가지고 있던 땅을 유대인들에게 팔아야 했습니다. 이러한 상황에서 두 민족의 지도자들은 동일하게 대응했습니다. 아랍인과 유대인 모두 준군사 조직을 꾸렸지요. 시오니스트 운동이 유대인 정착지를 감시하는 무장 조직 하가나Haganah를 창설한 것이 바로 이 시기입니다.

1929년 두 민족 간에 최초의 유혈 충돌이 발생해 유대인 100명 이상, 아랍인 100명 이상이 목숨을 잃었습니다. 1930~31년에는 수정주의자 자보틴스키와 하가나 지휘부 출신 인사들이 이르군Irgun이라는 군조직을 창설하여 특히 아랍 봉기(팔레스타인 대반란) 중에 수십 차례 공격에 나서서 아랍 시민들이 밀집한 장소 및 교통 수단을 폭격했습니다. 같은 시기에 유대인 민간 공동체도 공공장소에서의 테러 공격과 저격 살해의 표적이 되었습니다.

1939년, 아랍의 저항에 압박을 느낀 영국의 체임벌린 총리는 영국의 친시오니스트 노선을 완화하려 하면서 백서를 발표했습니다. 이 백서는 유대인이 팔레스타인으로 이주하고 지속적으로 토지를 사들이는 행위를 억제하기 위한 몇 가지 규정을 담고 있습니다. 같은 시기 유럽에서는 아돌프 히틀러가 독일을 통치했고, 유대인을 겨냥한 인종차별법이 이미 광범위하게 시행되고 있었습니다. 영국의 이러한 태도 변화는 팔레스타인 내 유대인들에게 트라우마가 됐습니다. 1940년에는 시오니스트 군사 단체가 점차 과격해졌습니다. 이르군은 1946년 7월 영국군 본부가 있는 예루살렘의 킹데이비드King David 호텔에 이 시기 가장 유혈 낭자한 공격을 가했고, 91명이 사망했습니다. 이러한 폭력의 물결 앞에서 영국은 팔레스타인을 포기하고 유엔의 손에 넘기기로 결정했습니다.

그사이 유럽에서는 홀로코스트가 자행되었습니다. 1941~45년에 나치와 그 협력자들에 의해 유럽 유대 인구의 3분의 2가 강제 수용소에서 살해되었죠. 유대인들이 겪은 이 대량 학살로 인해 국제 사회는 유대 국가의 건국을 지원하게 되었습니다.

시오니스트 운동의 전환점은 유엔이 제181호 결의안을 채택한 사건이었습니다. 팔레스타인 영토의 55퍼센트를 유대 독립국가에 할당하고 나머지는 아랍 국가로 구성한다는 결의안이었죠. 1948년 벤구리온은 이스라엘 국가의 건국을 선포했습니다. 이렇게 해서 시오니즘이 첫 번째 목표를 이룬 것이죠.

정통 유대교도들은 수십 년 동안 계속 유대 국가 건국을 반대했지만, 1967년에 일어난 6일 전쟁으로 인해 시오니스트 운동의 역사가 바뀌었습니다. 정통 유대교에서는 이 전쟁에서 이스라엘이 압도적으로 승리한 것과 성경 속 이스라엘 영토(유대와 사마리아)에 해당하는 서안 지구 일부 지역을 정복한 것을 신이 지지한다는 신호로 해석했습니다. 이때부터 시오니즘 내에서 새로운 종교적 기류가 형성됐습니다. 정통 유대교도를 대표하는 일부 정당들은 종교적 민족주의를 수용했고, 이스라엘의 영구적인 통치와 서안 지구 및 가자 지구의 식민지화를 지지하는 또 다른 정치 조직도 탄생했죠.

1973년에 탄생한 우익 리쿠드당은 몇몇 정당 및 종교-민족주의 단체와 동맹을 맺었습니다. 1974년부터는 군사적 요충지로 여겨졌던 서안 지구만이 아니라 팔레스타인 공동체가 상당히 밀집한 지역, 즉 성경의 유적지에도 유대인 정착지가 건설되기 시작했습니다.

1977년 총선에서 승리한 리쿠드당이 이스라엘 건국 이후 처음으로 노동당을 몰아냈습니다. 이때부터 리쿠드당과 노동당이 번갈아가며 이 나라를 이끌었죠.

1992년에는 메레츠Meretz라는 정치 연합이 탄생했습니다. 이스라엘을 유대 국가로 유지하려 하면서도 자신들만의 국가를 갖고자 하는 팔레스타인인의 열망도 수용하는 좌파 시오니스트 정당들의 연합이었습니다.

자신을 비非시오니스트, 혹은 반反시오니스트로 정의하는 소수의 유대 이스라엘인도 있습니다. 그중 어떤 이들은 이스라엘인과 팔레스타인인이 동등한 시민권과 권리를 갖는 단일국가의 건설을 바랍니다. 또 다른 이들은 서안 지구와 가자 지구를 포함하는 팔레스타인 국가의 건국을 지지하고요.

지난 몇십 년 동안 시오니즘의 종교적 요소가 이스라엘 국가 내에서 점점 더 비중이 커지면서 정치만이 아니라 사회에도 영향을 끼쳤습니다. 국가가 초정통파 학교에 대한 재정 지원을 늘린 것, 이스라엘 군대가 점점 더 종교적 색채를 진하게 띠는 것 등이 그 예지요.

현재 이스라엘 정부는 리쿠드당의 지도자인 베냐민 네타냐후가 이끌고, 극우파 당과 초정통파 정당의 지지를 받습니다. 이 정당들의 연합은 이스라엘인과 팔레스타인인을 위한 두 개의 국가를 세운다는 '두 국가 해법'을 거부합니다. 이 정당들 간의 합의에 따라 정부는 갈릴리, 유대, 사마리아 및 그 밖의 지역에 이스라엘 정착촌 건설을 지원하겠다고 약속했는데, 이 지역들은 국제법상 팔레스타인 자치정부의 관할 지역입니다. 또한 이 정당 연합은 '세속적인' 과목들의 교육이 종교 연구에 종속되는 초정통파 학교인 예시바Yeshiva에 자금을 지원합니다.

## ✦ 유대인과 이스라엘인의 구분

세계 어디에서 태어났든, 거주지가 어디든 상관없이 유대교를 믿거나 유대인의 자식이면 유대인입니다. 이스라엘인은 이스라엘 국가의 시민이고요.

이스라엘의 모든 시민이 유대교를 믿거나 부모가 유대인인 것은 아니라는 사실을 알아두도록 합시다. 1948년 이스라엘이 건국되었을 때 일부 팔레스타인인과 드루즈인에게도 시민권이 부여되었습니다.

## ✦ 유대인과 시오니스트의 구분

시오니즘이 탄생했을 때, 대부분의 유대인은 이 운동에 가담하거나 팔레스타인으로 이주하려 하지 않았습니다. 지금도 시온주의 이주 계획을 지지하지 않는 유대인 공동체가 일부 존재합니다. 반시온주의적 태도를 취하는 사람들이지요.

'반시온주의'는 '반유대주의'와 다른 개념입니다. 반유대주의는 유대인에 대한 인종차별적인 적대감입니다. 이 적대감이 나치 독일과 그 동맹들이 아우슈비츠Auschwitz와 같은 강제 수용소에서 유럽 전역의 유대인 600만 명을 학살한 홀로코스트로 이어진 것입니다.

간혹 반시온주의와 반유대주의가 겹쳐질 수도 있습니다. 유대인이라는 인종에 대한 증오심을 나타내는 동시에 시온주의적 계획에 반대하는 사람들이 있죠. 또 반시온주의와 반유대주의가 함께하지 않는 경우도 있습니다. 예를 들어 전 세계 유대인들 중 일부는 반시온주의자이지만 유대인을 혐오하는 반유대주의자는 아니에요.

## ✦ 모두가 원하는 수도, 예루살렘

예루살렘은 분쟁의 핵심 중 하나입니다. 팔레스타인과 이스라엘 사람들 모두 수도로 여기고, 두 민족 모두 거주하고 있어 상당히 논쟁이 많은 도시죠. 그렇다면 이곳이 왜 그렇게 중요할까요? 예루살렘은 '세 번 거룩한' 도시로 불리는데, 이것은 세계에 가장 널리 확산된 세 일신교, 즉 이슬람교·유대교·기독교의 주요 역사 기념물과 유적지가 있기 때문입니다. 예를 들어 성전산Temple Mount의 알아크사 사원은 코란 경전에 의하면 예언자 무함마드가 '야간 여행' 중 알라를 만나 코란의 가르침을 받은 곳입니다. 그리고 2000년 전에는 이곳에 유대인의 주요 성지인 제2성전이 있었으나,

나중에 로마인들에 의해 파괴되었습니다. 이제 외벽만 남은 이 성전은 현재 유대인들에게 가장 중요한 예배 장소 가운데 하나로 '통곡의 벽'으로 불립니다. 마지막으로 기독교인들과 관련해서는 구시가지의 성묘 교회, 즉 복음서에서 예수님이 지나간 십자가의 길Via Crucis이 끝나는 지점이 있습니다.

예수살렘은 1949년부터, 즉 아랍과 이스라엘 간의 첫 번째 전쟁이 이스라엘의 승리로 끝난 때부터 두 지역으로 갈라졌습니다. 휴전 협정에 따라 이스라엘은 예루살렘의 서쪽 통제권을 갖게 되었고, 전쟁에 개입한 요르단은 현재 팔레스타인 영토에 포함된 동부를 점령했습니다. 그렇게 서예루살렘과 동예루살렘 사이에는 녹색 선이 그어졌죠.

1967년, 즉 6일 전쟁 이후부터 이스라엘은 동예루살렘까지 점령하여 합병을 시작하는 한편, 여러 해에 걸쳐 정착촌들과 이를 방어하기 위한 벽을 쌓았습니다. 유엔과 주요 서방 국가들은 동예루살렘을 이스라엘이 점령한 팔레스타인 영토로 간주하며, 이스라엘 정착촌을 인정하지 않습니다.

## 1917년: 밸푸어 선언

제1차 세계대전이 끝나고 오스만 제국은 무너졌습니다. 팔레스타인을 포함해 중동의 여러 지역을 지배했던 오스만 제국의 붕괴 이후 해당 지역은 몇몇 서방 국가의 지배를 받았고, 국제연맹(유엔의 전신)은 영국에 팔레스타인 위임 통치권을 부여했습니다.

1917년의 밸푸어 선언(영국 외무부 장관의 이름을 땀)에서 영국 정부는 팔레스타인에 "유대인의 민족적 고향"을 건설하겠노라고 세계시온주의기구와 약속했습니다. 즉, 당시까지 국가를 가진 적이 없던 유대인들이 정착할 장소를 마련해주겠다고 한 것이죠. 밸푸어 선언은 중요한 의미를 지닌 문서로, 이스라엘 국가의 건국으로 이어지는 최초의 주요 조치 중 하나였습니다.

## 1936~39년

1917년부터 1947년까지 영국은 팔레스타인의 행정권을 장악했습니다. 이 기간에 수차례의 알리요트aliyot(단수형은 알리야aliyah)가 있었습니다. 알리요트는 '오름' 혹은 '상승'을 뜻하는 히브리어로, 팔레스타인 영토로 이주하는 유대인들의 이민 물결을 지칭하는 말입니다. 성경을 통해 해석해보자면 신이 유대인들에게 약속한 땅으로의 귀환을 의미합니다. 20세기 초부터 이미 존재했던 이주 물결이, 이 시기 유럽에서 벌어진 나치의 박해로 더욱 촉진되었습니다.

1936~39년에 유대인과 아랍인 간에 실질적인 첫 번째 갈등이

발생했고, 이를 '대아랍 반란'이라고 부릅니다. 팔레스타인의 아랍인들이 영국의 지배와 팔레스타인으로 이주하는 유대인들의 물결에 반기를 든 것입니다. 아랍인들은 영국이 새로운 이민자들에게 너무 많은 혜택을 준다고 보았습니다. 이 시기 유대인 이민 및 식민지화 반대 운동을 이끌던 종교 지도자 이즈 알딘 알카삼Izz al-Dīn al-Qassām이 최초의 게릴라 세력을 창설했습니다. 수십 년이 흐른 뒤에 하마스 무장 부대가 그의 이름을 따서 부대의 이름을 지었죠.

아랍인과 유대인 간의 대립은 1936년 4월 15일 현재의 서안지구에 있는 툴카름Tulkarm에서 시작됐습니다. 팔레스타인의 해방을 요구하는 무장 세력이 유대인 두 명을 살해한 사건이 발단이었지요. 사건 후 곧바로 유대인 측에서도 복수를 위해 아랍인 두 명을 살해했습니다. 이 사건은 팔레스타인의 민족 반란으로 이어졌고, 초반에는 파업의 물결이 이어지다가 결국 실질적인 무장봉기로 전환되었습니다. 영국은 병력 2만 명을 보내 무자비한 탄압으로 팔레스타인에 응수했습니다. 한편 시오니스트들은 히브리어로 '방어'를 뜻하는 '하가나'라는 자위 부대를 본격적인 군대로 전환하기 시작했습니다.

1939년 영국 정부는 긴장을 완화하고자 이민자 유입과 유대인 정착민의 토지 매입을 제한했습니다.

여러 추산에 의하면, 1936년부터 1939년까지 약 500명의 유대인이 살해됐습니다. 이에 비해 아랍인은 약 5000명이 희생되고, 부상자 1만 5000명에, 수감자는 5000명쯤 발생했습니다. 이 반란으로 팔레스타인의 지도부는 큰 타격을 입었습니다. 수뇌부의 상당수가 영국인들에게 살해되거나 망명길에 올라야 했기 때문입니다.

이 시기는 두 나라 간 갈등의 역사에서 매우 중요합니다. 이 무렵 유대인 사회의 상당수가 팔레스타인과의 평화로운 공생이 더 이상 불가능하다는 확신을 갖게 됐습니다.

# 1947년

**2월 14일:** 팔레스타인은 결정적인 국면에 접어들었습니다. 아랍인과 유대인 사이에 점점 더 긴장이 고조되는 상황을 감당할 수 없었던 영국은 팔레스타인에 대한 위임 통치권을 유엔에 반환했고, 이에 유엔 측은 임시로 '팔레스테인에 관한 유엔 특별위원회 United Nations Special Committee on Palestine, UNSCOP'를 구성했습니다. 나치 학살에서 탈출한 유대인 난민 문제를 해결하기 위한 조직이었습니다. 홀로코스트의 비극은 세계 여러 국가들이 유대인 국가 건설을 지지하게 만들었습니다.

**9월 20일**: 영국이 팔레스타인 영토에서 철수하면서 유엔 측에 전환에 대한 모든 책임을 넘겼습니다.

**11월 29일**: 유엔 총회에서 제181호 결의안이 통과됐습니다. 팔레스타인을 두 국가로 분단하고, 예루살렘은 분단된 두 국가 중 어디에도 속하지 않고 유엔의 직접 통치를 받는 국제 신탁통치 구역이 되었습니다.

유대인 측은 유엔의 제안을 수락했으나, 팔레스타인 측은 거부했습니다. 왜 그랬을까요? 홀로코스트의 대가를 팔레스타인인들이 치른다는 것이 정당하지 않다고 여겼고, 한 세기 전까지 거의 대부분 아랍 민족이 거주하던 영토에 이스라엘 국가를 들여야 한다는 사실도 받아들일 수 없었기 때문입니다. 이 때문에 아랍 지도자들은 제181호 결의안을 실행하려는 모든 시도에 전쟁도 불사하겠다고 선언했습니다.

# 1948년

결의안이 통과된 후 며칠 동안 팔레스타인과 유대인 집단 간에 몇 차례 충돌이 있었고, 하가나는 유엔이 유대인들에게 거주지로 지정해준 지역에 위치한 팔레스타인 마을을 공격하여 유대 국가의 국경 밖으로 팔레스타인 사람들을 몰아내기 시작했습니다. 모두에게 보여주기 위한 본보기로 예루살렘에서 멀지 않은 마을 데이르 야신Deir Yassin을 공격했고, 팔레스타인 아랍인 약 100명을 살해했습니다.

**5월 14일:** 세계시온주의기구의 의장을 지낸 후 초대 이스라엘 총리가 된 다비드 벤구리온이 일방적으로 이스라엘 국가의 독립을 선언했습니다. 미국과 소련이 이 새로운 국가를 인정했습니다.

**5월 14~15일:** 이집트, 시리아, 요르단, 레바논, 이라크 군대가 깊은 밤에 신생 이스라엘 국가를 침공했습니다. 아랍-이스라엘의 전쟁이 시작된 것입니다. 이때 유대인 사이에서는 소위 '이스라엘 안보 증후군'이 확산되어 이후 수십 년 동안 이어졌습니다. 생존에 대한 이 끊임없는 긴장감은 이제 거의 강박관념이 되었습니다. 새로운 이스라엘 지도층이 보기에 50만 명의 유대인이 2700만 명의 아랍인과 대적해야 한다는, 적대적인 국가로 사방이 둘러싸인 이스라엘이라는 불균형한 현실이 언제나 도사리고 있었던 것입니다.

# 1949년

**3월 11일:** 휴전 협정이 체결되고, 여러 차례에 걸쳐 유엔이 팔레스타인 아랍인과 이스라엘인 모두 수용할 수 있는 영토 분할 방법을 찾으려 시도한 끝에 공식적으로 전쟁이 끝났습니다. 그러나 사실 이것은 그저 사태를 멈춰둔 것일 뿐 문제는 몇 년 지나지 않아 다시 터질 수밖에 없는 운명이었습니다. 전쟁이 끝난 뒤 이스라엘은 유엔이 팔레스타인에 할당한 지역의 대부분을 인수했습니다. 70만 명이 넘는 팔레스타인 사람들이 살던 집에서 쫓겨나 인근 국가의 난민 캠프로 이주할 수밖에 없었지요.

이 때문에 1948년 전쟁이 이스라엘에게는 자국의 탄생을 알리는 독립 전쟁이었던 데 반해 아랍인과 팔레스타인인들에게는 나크바Nakba, 즉 재앙이었던 것입니다.

**12월 8일:** 유엔은 팔레스타인 난민과 이주민의 구호를 담당하는 유엔 팔레스타인 난민구호기구UNRWA를 조직했습니다.

# 1964년

분쟁의 역사에서 가장 중요한 팔레스타인 정치 세력 중 하나인

PLO, 즉 팔레스타인 해방기구가 탄생했습니다.

## 1967년: 6일 전쟁

이스라엘이 건국된 후 몇 년 동안 국경을 접한 아랍 국가들과의 긴장감은 점점 더 커졌습니다. 이스라엘은 이집트, 시리아, 요르단에 격렬한 공격을 퍼붓기에 이르렀습니다. 단 6일 만에 이스라엘군은 시나이 반도와 가자 지구, 서안 지구, 동예루살렘을 점령했습니다. 아랍인들은 이 전쟁을 이스라엘이 미국과 공모하여 자국 영토를 확장하려는 것으로 보았습니다. 그러나 이스라엘인들의 시각에서 그것은 조만간 아랍군 쪽에서 가할 침략을 막기 위한 공격일 뿐이었습니다.

이 전쟁으로 이스라엘은 자국 영토를 3.5배나 늘렸으니 엄청난 성공을 거두었다고 볼 수 있습니다. 이 전쟁을 '6일 전쟁'이라 부른 것은 어느 이스라엘 장군인데, 실제로 6일만에 끝나기도 했지만 성경에서 신이 세상을 창조하는 데 6일이 걸렸다는 점을 상기시켜 영광스러운 업적을 기리려는 의도였습니다.

이 전쟁 때문에 또다시 30~50만 명의 팔레스타인 난민이 발생했고, 약 100만 명의 팔레스타인인이 이스라엘군의 지배를 받았습니다.

# 1973년



**10월 6~25일:** 욤키푸르 전쟁. 이 전쟁의 이름은 유대교에서 중요하게 기념하는 명절에서 딴 것으로, 이 명절 기간에는 신자들이 기도, 회개, 금식 등을 성실하게 지킵니다. 히브리어로 '속죄의 날'을 의미하는 욤키푸르는 한 해 동안 신과 사람들에게 지은 죄를 낱낱이 속죄하는 날입니다.

이 명절에 아랍 국가들은(주로 이집트와 시리아) 이스라엘이 여러 종교 의식으로 분주한 틈을 타, 6일 전쟁의 굴욕을 되갚고자 기습 공격을 감행했습니다. 대비가 부족했던 이스라엘군은 처음에는 밀려나다가 재빠르게 전열을 가다듬어 반격했습니다.

유엔의 중재로 일단 휴전한 뒤 여러 가지 결의안을 채택했고, 이스라엘 국경은 그대로 유지됐습니다. 그러나 이 갈등의 역사에서 처음으로 아랍이 이스라엘에 손실을 입혔다고 말할 수 있었고, 이스라엘 군대의 무적 신화를 깨뜨린 셈이었습니다. 추산에 의하면, 사망한 군인 1~2만 명 가운데 2000~3000명이 이스라엘인이었습니다.

욤키푸르 전투는 아랍국가연합과 이스라엘 사이에 일어난 마지막 대규모 전투였고, 이후의 분쟁은 레바논과 점령당한 팔레스타인을 둘러싸고 벌어졌습니다.

# 1978년과 1982년

1978년, 이스라엘은 야세르 아라파트 Yasser Arafat가 이끄는 팔레스타인의 핵심 무장 단체 PLO 구성원들을 제거할 것이라고 발표하면서 레바논을 침공했습니다.

이스라엘은 1982년에 또 한번 PLO에 대항하기 위해 레바논을 침공했고, 거의 20년 동안 레바논 남부를 점령하여 PLO를 몰아내는 데 성공합니다. 1982년 9월 16일, 이스라엘의 무장 동맹 단체인 레바논 팔랑헤 Phanlangist당이 베이루트 Beirut 외곽에 위치한 두 지역 사브라 Sabra와 샤틸라 Shatila에서 학살을 벌였습니다. 이스라엘군의 묵인과 국제 사회의 침묵 속에 단 이틀 동안 2000~3500명의 팔레스타인 난민을 살해했죠.

1982년 점령 당시 이슬람주의 정당이자 군사 단체인 헤즈볼라 Hezbollah가 조직되었습니다. 이스라엘은 수년 동안 헤즈볼라와 싸워보려 했지만 결국 이 단체를 제거하지 못하고 2000년에 레바논 남부에서 철수합니다.

한편 이스라엘과 이집트의 관계는 욤키푸르 선생 후 몇 넌 동안 개선되었습니다. 1978년 9월 17일에는 두 국가 간에 협정도 체결되었습니다. 협정 이름은 서명이 이루어진 장소인 미국의 캠프 데이비드 Camp David에서 따왔죠. 이 협정은 이스라엘은 이집트에 시나이반도를 반환하고, 이집트는 이스라엘 국가를 인정한다는 내용을 담았습니다. 그러나 팔레스타인 문제에서는 자치권에 대한 일반적인 내용만 언급할 뿐, 확정된 국경을 지닌 국가로서의 지위는 여전히 인정하지 않았습니다.

## 1987~93년: 최초의 인티파다

이스라엘의 점령은 팔레스타인 사람들을 점점 더 살기 어렵게 만들었습니다. 여러 해 동안 긴장감이 고조되어 반란, 폭력, 파업, 보이콧으로 터져 나오기에 이르렀습니다. 이것을 '인티파다'라고 하는데, 아랍어로 '떨쳐 일어나다'라는 의미입니다. 즉, 이스라엘 점령으로부터 벗어나려는 저항을 가리키죠. 첫 번째 인티파다는 6년간 지속되었고, 이 시기에 이스라엘에 대해 강경한 입장을 취하는 이슬람주의 조직 하마스가 등장했습니다.

## 1991년: 마드리드 회의

마드리드 회의는 미국의 조지 부시George Bush 대통령이 개최했습니다. 이스라엘과 팔레스타인, 아랍계를 평화롭게 만들 양자 및 다자 협상에서 구체적인 성과를 얻지는 못했습니다. 그러나 이

회의는 이듬해 이스라엘 총선 결과와 더불어 오슬로 협정의 발판
이 되었습니다.

## 1992년

이스라엘 선거에서 노동당이 승리하여 이츠하크 라빈Yitzhak Rabin이
총리가 되고, 시몬 페레스Shimon Peres가 외무부 장관에 취임했죠.

## 1993~95년: 오슬로 협정

이 시기 이스라엘과 팔레스타인 지도부 간에는 몇 차례 공식 및
비공식 회의가 열렸고, 오슬로 협정도 체결되었습니다. 양국이
처음으로 이스라엘의 라빈 총리와 PLO 지도자 아라파트를 내세
워 서로를 정당한 대화 상대로 인정한 역사적으로 중요한 협정이
었습니다. 그렇다면 이 협정에서 다룬 내용은 무엇일까요? 사실
상 두 지도자는 '평화를 위한 땅' 원칙과 2개국 해법을 바탕으로,
1999년까지 독립된 팔레스타인 국가 건설을 위해 함께 노력하기
로 했습니다. 이스라엘군은 가자 지구와 서안 지구에서 점진적으
로 퇴각하고, PLO 측에서는 공식적으로 무장 투쟁을 그만두고
이스라엘을 인정하기로 했죠.

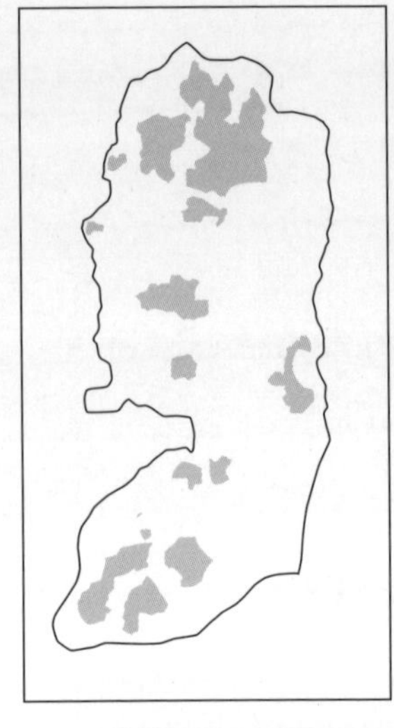

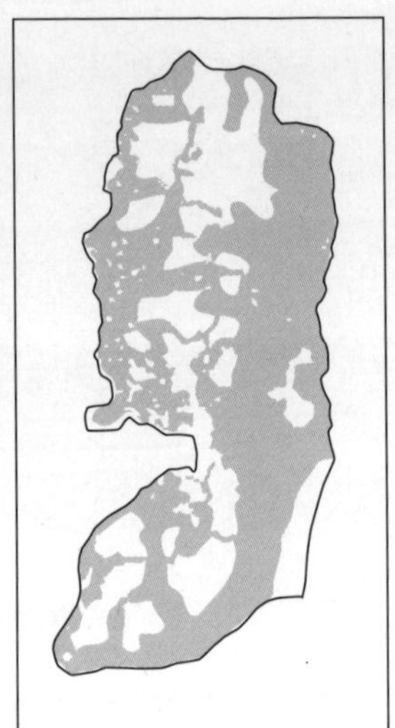



**팔레스타인 영토를 세 구역(A, B, C)으로 구분**
A구역: 팔레스타인 자치 정부가 관리
B구역: 이스라엘과 팔레스타인이 공동 관리
C구역: 이스라엘이 관리

 이 협정에서는 팔레스타인 영토를 세 개 구역(A, B, C)으로 나누고, A구역과 B구역에서 일정 수준의 자치권을 행사하는 행정 기관인 팔레스타인 자치정부PNA를 세우기로 했습니다.

 그러나 아직 수많은 문제가 남아 있었습니다. 이스라엘과 팔레스타인 양국 경계를 정하는 것부터 예루살렘의 지위 설정, 팔레스타인 난민들의 본국 귀환 및 서안 지구 정착민 문제까지 말입니다.

# 1995년

협정이 체결되었음에도 정착민들은 서안 지구와 가자 지구 정착
촌을 떠나지 않았고, 군대도 퇴각하지 않았습니다. 한편 아라파트
와 PLO는 팔레스타인 해방을 위해 싸우며 협정에 반대하던 무장
세력들을 통제하지 못해 비난을 받았습니다. 그 군사 단체 중에
는 하마스도 포함되어 있었죠.

11월 4일, 한 평화 집회 후 오슬로 협정을 '배신'이라 여기는
유대인 정착민이 군중 속에 숨어 라빈 이스라엘 총리를 암살하는
사건이 벌어졌습니다. 지난 2년 동안 수많은 랍비와 극우 세력이
라빈 총리를 심지어 히틀러에 빗대며 이스라엘 내의 긴장감을 고
조시켰습니다.

라빈 총리에게 오슬로 협정은 용감한 자들의 평화였습니다. 국
민들에게 앞으로의 안보는 평화로부터 오는 것이지 전쟁으로부
터 오지 않는다고 설명했죠. 라빈의 암살로 인해 평화로 가는 길
은 쇠퇴하기 시작했습니다.

# 1996년

1996년 선거에서 베냐민 네타냐후라는 인물이 부상해 이스라엘

의 총리가 됩니다. 이후 몇몇 시기를 제외하고, 2023년 10월 7일을 비롯해 그 후 몇 개월 동안에도 총리는 네타냐후였죠. 네타냐후의 리쿠드당은 라빈이 추진하던 개방 정책에 반대했습니다. 네타냐후는 오슬로 협정이 실수라고 생각했기 때문에 이행하려는 노력을 하지 않았습니다. 오히려 점령지와 동예루살렘에 정착촌 수를 늘리고, 협정 지역에서 이스라엘군의 철수를 지연시켰죠.

## 1997년: 헤브론 의정서

이 의정서는 오슬로 협정에 근거해 서안 지구 도시 헤브론의 이스라엘 군대를 재배치하는 문제를 다루었습니다. 그러나 양측 모두 이 의정서를 비준하지 않는 바람에 협정에서 제기된 쟁점들의 협상이 중단되어, 평화 프로세스가 큰 타격을 입었습니다.

## 1998년: WYE 플랜테이션 양해각서

이 양해각서는 오슬로 협정을 부활시키고자, 앞서 나눈 세 지역에 대한 통제권을 재조정하려 미국에서 체결된 협정입니다. 이 또한 아무런 성과를 거두지 못했죠. 네타냐후는 각서 내용을 지키지 않았고, 1998년 11월 추가적인 철군 조치를 모두 차단했습니다.

# 1999년: 샤름엘셰이크 양해각서

이스라엘의 새로운 총리 에후드 바라크Ehud Barak는 샤름엘셰이크 Sharm el-Sheikh에서 열리는 정상회담을 통해 오슬로 협정을 되살리려 했습니다. 양해각서에 서명은 했지만 구체적인 결과를 내지는 못했습니다.

# 2000~2005년: 제2차 인티파다

오슬로 협정이 지켜지지 않는다는 인식이 점점 더 확산되고, 팔레스타인인에게 점령의 고통과 회의감이 쌓여 두 번째 인티파다가 발발했습니다. 당시 우익 리쿠드당 대표였던 아리엘 샤론Ariel Sharon이 팔레스타인인들에게 엄청난 종교적 가치를 지닌 장소인 예루살렘 성전산을 방문한 것이 사건의 발단이 되었습니다. 팔레스타인 사람들은 이러한 행동을 도발로 여겼습니다. 제2차 인티파다 시기에 하마스가 영향력을 크게 넓혀, 민간인과 이스라엘군에 대규모 인명 피해를 초래한 공격을 여러 차례 주도했습니다.

이 시기에 발생한 여러 사건을 최대한 간략하게 요약해보겠습니다.

# 2000년: 새로운 캠프 데이비드

당시 미국 대통령이던 빌 클린턴Bill Clinton이 에후드 바라크Ehud Barak와 야세르 아라파트 간의 협상을 매듭지으려 했습니다. 그러나 합의점을 찾아내지 못해 협의가 무산됐죠.

# 2001년: 타바 정상회담

1월 21일부터 27일까지 이집트의 타바Taba에서 이스라엘과 팔레스타인 자치정부PNA가 몇 가지 안건을 두고 여러 차례 정상회담을 열었습니다. 안건 중에는 C지역(이스라엘에 할당된 지역) 축소 및 유대인 정착지 일부 철수, 팔레스타인 난민 귀환, 예루살렘 분할 문제 등이 포함되어 있었습니다.

초반에는 이스라엘이나 PNA 모두 이러한 안건을 논의하겠다고 했지만, 결국 아무 소득도 없이 1월 28일에 바라크가 모든 회담을 중단했습니다. 재회담은 2월 6일 이스라엘 선거 이후로 연기했죠.

그러나 재회담은 이루어지지 않았고, 선거에서는 리쿠드당이 승리하고 당 대표인 아리엘 샤론이 총리가 되었습니다.

# 2002년

이스라엘이 서안 지구에서 자국 영토와 팔레스타인 영토를 분리하는 이른바 '보안 장벽'을 건설하기 시작했습니다. 이스라엘 국민이 테러 공격 조직으로부터 피해를 받지 않도록 이동을 통제한다는 명목이었습니다. 실제로는 모든 유대인 정착지와 우물을 에워싸는 약 725킬로미터 길이의 벽으로 서안 지구를 단절하여 팔레스타인 아랍인들의 생활을 한층 더 어렵게 만들었습니다. 2004년, 헤이그 국제사법재판소는 이 장벽이 국제법에 위배된다고 판결했으나 이스라엘은 건설 계획을 계속 추진했고, 이 장벽을 이용해 팔레스타인으로부터 더 많은 땅을 빼앗았습니다.

## 2003년: 중동 평화 로드맵

이스라엘 정부는 미국·유럽연합·러시아가 제안한 로드맵에 동의했습니다. 이 로드맵은 팔레스타인 독립 국가 수립을 목표로, 가자 지구와 서안 지구에서 이스라엘 정착촌과 군사 기지를 철수하고 팔레스타인 자치정부에 국가 건설을 위임하겠다는 계획이었습니다.

이 로드맵은 진전 없이 표류하다가 제2차 인티파다의 계속되는 폭력과 아라파트의 사망 등으로 인해 무산되었습니다.

그럼에도 두 가지 측면에서 긍정적인 결과를 얻었습니다.

- 공화당의 신보수주의자 조지 부시 주니어<sup>George Bush Jr.</sup>가 미국 대통령 중 최초로 팔레스타인이 독립국을 수립할 권리를 공식 인정했습니다.
- 아리엘 샤론이 가자 지구에서 완전히 철수하기로 했고, 2005년 9월에 실제로 철수가 완료되었습니다.

## 2004년

야세르 아라파트가 사망했습니다. 마흐무드 아바스<sup>Mahmoud Abbas</sup>(일명 아부 마젠<sup>Abu Mazen</sup>)가 이듬해 그의 자리를 대신하게 됩니다.

## 2005년: 철수

2005년 이스라엘이 가자 지구 철수를 결정하고, 가자 지구에 건설되었던 유대인 정착촌들을 철거했습니다.

# 2006년

하마스가 PNA 의회 선거에서 승리합니다. 마흐무드 아바스가 이 끄는 파타당과 통합 정부를 수립하려는 여러 시도가 이루어졌으나 거세게 충돌했고, 그 대립은 2007년에 종결되었습니다. 그 결과 하마스는 가자 지구를, 파타당은 서안 지구를 관리하게 되었습니다. 이러한 분열은 제가 이 글을 쓰고 있는 지금(2024년 여름)까지 이어지고 있습니다.

# 2007년: 가자 지구 봉쇄

봉쇄는 기본적으로 외부와의 접촉 및 물자의 유입을 차단하거나 매우 어렵게 만들어 지역과 그 거주민들을 고립시키는 조치입니다. 가자 지구의 경우 이스라엘과 이집트의 의지에 따라 이루어졌습니다. 공식적으로는 모든 서방 국가가 테러 집단으로 분류한 단체인 하마스가 사용할 수도 있는 무기가 유입되는 일을 막는다는 명목이었으나, 실질적으로는 연료부터 전기, 약품에 이르기까지 가자 지구에서 생산되지 않는 물품의 공급까지 차단했습니다. 이 봉쇄 조치의 여파로 가자 지구의 시민 사회는 현재까지 점점 더 심각해지는 빈곤에 시달리고 있습니다.

# 2007년: 안나폴리스 회담

로드맵과 양국 협상 재개를 위해 개최된 평화 회담으로, 이스라엘의 지도자인 에후드 올메르트Ehud Olmert와 팔레스타인 지도자 아부 마젠이 참여했습니다. 하마스 쪽에서는 참여하지 않았습니다.

회담에서 팔레스타인 내 두 국가의 공존 원칙이 재확인되었습니다. 그러나 국경과 유대인 정착지, 예루살렘의 지위, 팔레스타인 난민의 귀환 권리 등 지금까지 합의된 적이 없는 사항, 즉 레드라인은 전혀 다루어지지 않았죠. 미국은 이스라엘에 서안 지구 유대인 정착지 확장 계획이나 보안 장벽 건설을 중단해야 한다고 압박하지 않았습니다. 회의 결과는 실망스러웠어요. 안나폴리스 회담은 문제의 핵심에 다가가지 못했습니다.

# 2008년 12월~2009년 1월: 가자 전쟁

이 전쟁은 하마스가 이스라엘을 향해 이어가던 미사일 공격(간헐적이지만 지속적인 공격)에 대응하여 이스라엘군이 개시한 군사 행동이었습니다. 이 작전은 2008년 12월 27일 이스라엘의 공습으로 시작되어 육상 및 해상 공격으로 확대되었습니다. 일부 분석가들은 이스라엘의 목적을 두 가지로 해석합니다. 하마스를 약화하여 유리한 조건으로 휴전을 이끌어내는 것과 하마스 정권을 무너뜨리고 그 자리를 파타당이 대신하게 만드는 것입니다.

가자 전쟁 후 가자 지구 거의 전체가 파괴되었는데도, 이 두 가지 목적 가운데 아무것도 실현되지 않았습니다. 하마스는 여전히 가자 지구에 주둔하면서 이스라엘 남부를 향해 로켓을 쏘아대고 있죠.

군사 작전은 2009년 1월 18일에 끝났습니다. 일부 추정에 의하면 20일 동안 약 1400명의 팔레스타인인이 사망했고, 약 5000명이 부상을 입었으며, 수천만 달러의 재산 피해가 발생했습니다. 이러한 수치에 근거할 때, 이는 당시까지의 이스라엘 군사 행동 가운데 가장 심각한 공격이었습니다.

## 2012년

유엔이 팔레스타인을 유엔 비회원 관찰국으로 인정했습니다. 팔레스타인은 관찰국으로서 유엔에서 개최하는 토론에는 참여할 수 있지만, 안전보장이사회와 총회 등 주요 유엔 기관의 결의 초안이나 결정안에 대한 투표에는 참여할 수 없습니다.

## 2014년

가자 지구가 10월 7일 사태 이전 마지막으로 이스라엘의 침공을 받았습니다. 이스라엘 청소년 세 명이 하마스 조직원들에게 납치 및 살해된 사건이 계기가 됐습니다. 이스라엘은 하마스 기지들을 파괴할 목적으로 무기를 동원해 가자 지구로 들어갔고, 이때 50일간 2200명 이상의 팔레스타인인과 71명의 이스라엘인이 사망했습니다.

## 2017년

도널드 트럼프Donald Trump 미국 대통령이 줄곧 분쟁 대상이던 예루살렘을 이스라엘의 수도로 인정했습니다. 이 결정 후 팔레스타인 지도부는 미국 정부와 모든 공식적인 관계를 끊기로 했습니다.

## 2020년: 세기의 거래

세기의 거래란 이 시기 미국 대통령이던 도널드 트럼프가 발표한 대안을 말합니다. 이스라엘에 유리한 조항을 담고 있었고, 팔레스타인에는 상당히 불리했기 때문에 팔레스타인에서는 협의 석상에 대표를 보내지 않았습니다. 이 계획에 따르면 오슬로 협정에 따라 팔레스타인 영토가 된 서안 지구의 모든 정착촌을 비롯해 여러 지역을 이스라엘 영토로 합병할 수 있었습니다. 게다가 이스라엘 측에 무슬림 및 유대교 예배소가 집중된 예루살렘 구시가지의 통제권까지 주었죠. 팔레스타인의 경우 차후 국가 건설 시 방어 병력에 상당한 제한을 두었고, 모든 팔레스타인 무장 조직은 무장 투쟁을 중단해야 한다는 조건이 붙었습니다.

## 2020년: 아브라함 협정

이스라엘, 아랍에미리트, 바레인, 모로코 등 일부 아랍 국가들 간의 긴장 완화와 외교적·상업적 관계를 개선하기 위한 협정입니다. 이 협정은 늘 팔레스타인을 지지해온 아랍 세계에서 이스라엘이 외교적 고립 상태를 벗어나는 데 기여했습니다.

## 2021년 4~5월

2021년 4월과 5월 사이, 예루살렘 동부와 이스라엘의 도시들, 가자 지구의 마을에서 이스라엘 정착민들이 아랍-팔레스타인 민족을 여러 차례 습격해 폭력을 행사했습니다. 이 사태의 원인은 몇 몇 팔레스타인 가정이 예루살렘 시가지에서 쫓겨난 것, 몇 차례 충돌 후 이스라엘 경찰이 알아크사 사원에서 무장 개입을 한 것 등 두 가지였습니다.

하마스는 이에 대응하여 가자 지구에서 예루살렘을 향해 열 발이 넘는 미사일을 발사했고, 이스라엘은 이에 대응해 가자 지구에 혹독하게 폭격을 퍼부었습니다. 최소 250명의 팔레스타인인과 10명의 이스라엘인이 사망한 11일간의 폭격 이후 휴전 협정이 체결되었습니다.

## 2022년

베냐민 네타냐후가 이스라엘의 여섯 번째 총리가 되고, 그와 함께 이스라엘 역사상 우파적인 성향이 가장 강한 새로운 정부가 들어섰습니다. 우익 정당과 정통파 유대교 정당, 즉 두 국가 해법을 거부하고 정착촌을 통해 서안 지구의 여러 지역을 점령하려는 정당으로 구성된 정부였습니다.

## 몇 가지 중요한 수치

연대기의 마무리로 여러분의 손에 들려 있는 이 책을 쓰는 현 상

# 정착촌과 영토 합병

지난 20년 동안 이스라엘은 팔레스타인 영토와 특히 서안 지구에서 정착촌 확장 정책에 박차를 가했습니다.

그런데 이 정착촌은 무엇일까요?

정착촌은 외곽 지역이나 대규모 도심에서 벗어난 곳에 건설된 주거 지역입니다. 이스라엘은 자국 영토를 확장하기 위한 수단으로 이를 불법으로 이용했습니다. 정착촌은 평화 유지를 방해하는 주요 원인으로 평가됩니다.

이런 식의 영토 확장은 주로 서안 지구에서 이루어졌는데, 국제 사회에서는 대부분 이 지역을 팔레스타인 영토로 간주합니다. 그러나 유대인들은 성경에서 유대와 사마리아라는 명칭으로 언급된 자신들의 조상들이 살던 곳이라고 생각합니다.

1967년 전쟁 때부터 모든 이스라엘 정부는 서안 지구 영토에 주택과 정착촌을 건설하도록 용인해왔습니다. 몇 차례 공백기를 제외하고 벌써 15년째 집권 중인 베냐민 네다냐후의 정당은 적극적으로 정착촌 확장을 추진했죠. 동예루살렘과 서안 지구 전체를 점령해 합병하는 것을 목표로 말입니다.

국제법과 국제 사회의 기준으로 보면 이스라엘 정착촌은 불법

황에서 중요한 몇 가지 수치를 소개해보겠습니다.

1990년대 초반에 서안 지구 내 불법 정착촌에는 10만 명 정도가 거주했습니다.

최근의 추산에 의하면 2024년 초에는 이 숫자가 50만 명을 넘어섰으며, 여기에다 동예루살렘의 불법 정착촌에 거주하는 22만 명이 더 있습니다.

베냐민 네타냐후 정부의 집권 초기 반년 동안 서안 지구에 1만 3000채 이상의 새로운 주택 건설이 추진 및 승인되었으며, 이는 집계가 이루어지기 시작한 2012년 이래로 가장 많은 수입니다.

2024년 3월, 이스라엘이 서안 지구 정착촌 내에 추가로 주택 3400채를 짓도록 승인했습니다. 이 지역에서의 정착촌 확장은 네타냐후와 그를 지지하는 정당들이 정부의 핵심 과제 중 하나로 삼은 사안입니다.

# 2장

# 헤브론

# 남부 언덕의 저항

# 아와드와 비폭력

이번 장에서는 최근 이스라엘과 팔레스타인 간에 벌어진 유혈 전쟁의 여정을 따라가보려고 합니다. 그 출발지는 매우 상징적이고 중요한 장소, 바로 헤브론 남부 언덕입니다.

저는 팔레스타인의 평화 운동가이자 비폭력 옹호자인 알리 아와드Ali Awad가 쓴 글을 읽고 충격을 받았습니다. 그는 분쟁의 해결책으로 비폭력을 장려하기 위해 타기어Taghyeer(변화) 운동을 주창한 사람이었어요. 그가 쓴 글을 여러분과 공유하고자 합니다.

알리 아와드의 글은 이렇게 시작합니다. "헤브론 남쪽 언덕에서 평화를 위해 일하는 일은 내 것이 아닌 삶을 산다는 뜻이므로, 항상 비상 상황에 준비해야 한다."

알리 아와드는 자신의 유아기와 청소년기를 이야기하면서, 성장하는 동안에는 지금 가는 길을 가게 될 줄 몰랐다고 했습니다. 인권 운동가가 되리라곤 상상하지 못한 것이죠. 양과 염소를 키우고 농사 짓는 집안에서 자란 그는 자신이 아버지 일을 이어받아 농장일을 하고 가축과 나무를 기르겠거니 생각했습니다. 그러나 성장하면서 깨달았습니다. 꿈과 야망이란 자신의 의지에만 달린 것이 아니라 그가 살아가는 현실, 즉 점령의 현실에 맞추어야 한다는 것을요.

그렇다면 '점령'이 구체적으로 의미하는 바는 무엇일까요? 점령 때문에 알리 아와드는 어린 시절 가장 가까운 마을 알타와니al-Tawani에 있는 학교에 가려고 해도 보호 없이는 가기가 힘들었습니다. 3학년 때는 학교에서 돌아와 한 정착민이(정착민에 대해서는 이번 장에서 이야기할 것입니다) 삼촌과 삼촌의 염소 떼를 쫓아가 몇 마리를 죽이는 걸 봤습니다.

청소년 시절부터 알리 아와드는 정착민들의 폭력과 어린이들의 일상을 기록하기로 했습니다. 투바스Tubas는 1999년 겨우 한 살이던 때부터 피란민이 됐고, 알리 아와드는 그 무렵 할아버지, 할머니, 부모님, 네 형제 등 온 가족이 집을 잃었습니다.

알리 아와드는 알미르케즈al-Mirkez라는 마을에 사는 어느 어머니가 아들의 장래를 걱정하는 이야기를 들려준 적이 있습니다.

외아들 무함마드가 양을 치고 밭을 돌보는 등 집안일을 도우려고 학교를 그만두었기 때문이죠. 어느 날 무함마드가 집에서 100킬로미터 떨어진 '파이어링 존 918호'에 이스라엘 군대가 던진 불발 수류탄을 밟아 오른손을 잃었습니다. '파이어링 존Firing Zone(사격 구역)'이란 이스라엘이 점령한 팔레스타인 영토 내에서 군사 훈련을 목적으로 지정한 군사 구역입니다.

알리 아와드는 점령에 대해 이해하려면 헤브론 남부 언덕의 어머니와 아이들의 이야기를 들어봐야 한다고 썼습니다. 저는 그의 조언에 따라 그들의 이야기를 들으려 했습니다. 수많은 증언자들과 이야기를 나눴고, 아이샤도 그중 한 명입니다.

## 동굴에 사는 아이샤

"저는 동굴에서 태어났어요. 저희 언니도요. 저는 동굴에 살아요. 우리 가족은 저와 어머니, 아버지, 형제들, 그리고 할머니까지 일곱 명이에요.

몇 달 전에 할머니기 정착민들에게 밎은 직이 있어요. 아버지는 할머니가 떠나기를 바랐지만, 할머니는 떠나고 싶어 하지 않았고 어디로 가야 할지도 몰랐어요. 아버지는 양치기예요. 전에는 이 주변에 양치기가 많았는데, 다들 자신의 안전 문제도 있고 동물과 자식들이 걱정돼 떠났죠. 저희 아버지는 평생 여기서 살았고, 마땅히 갈 곳도 없어서 안 떠나려 하세요. 아버지 말로는 몇 해 전 언덕 위 주택으로 이사를 갔다가, 집들이 철거되는 바람에 동굴로 돌아왔대요. 그래서 우리 모두 동굴에 남은 거예요.

아버지는 저희 형제들이 학교에 가기를 바라지만, 2023년 10월 7일 이후 지금까지 너무 위험해서 못 가고 있어요. 그날 이후로는 선생님과 아이들까지 공격당했거든요. 가장 가까운 학교에 가려 해도 한 시간 반이나 걸리고, 그것도 혼자서 산을 몇 개나 넘어야 해서 무서워요. 정착민들이 사방에 깔려 있어서 아버지가 걱정이 많아요. 저희도 정말 무섭고요.

지금 여기에 사는 것도 쉽지 않아요. 고립돼 있으니까요. 정착민들이 우물을 망가뜨리는 바람에 물도 거의 없어서 아버지가 해결해보려 하고 있어요. 가축도 전보다 훨씬 수가 줄어서 더욱 가난해졌고요.

이곳을 거의 벗어나는 일이 없어서 굉장히 외로워요.

마지막으로 이곳을 떠나던 때, 정착민들이 아버지 차를 가로 막아 세우고 아버지를 내리게 하더니 우리가 보는 앞에서 때렸어요. 아버지는 정말로 용감했어요. 우리까지 해칠까 봐 대항하지 않고 버텼다고 하시더라고요. 나중에 이곳으로 다시 돌아와서는, 그런 상황을 우리에게 다시는 보이고 싶지 않다고 말씀하셨어요. 그래서 10월 7일 이후로 우리 가족은 밖에 거의 안 나가고 있어요.

아버지는 제가 지금은 학교를 안 가더라도 여기서 벌어지는 일을 알리려면 영어 공부를 해야 한다고 말씀하셨어요. 그래서 공부를 해요. 아버지는 우리가 반항하지 말고 그냥 있어야 한대요. 저도 그렇게 할 생각이에요."

헤브론 남부 언덕은 어떤 땅일까요? 그곳이 그토록 중요하고 상징적인 이유는 무엇일까요? 지금부터 이야기해보겠습니다.

## 헤브론 남부 언덕

헤브론 남부 언덕은 주로 농업을 하는 지역입니다. 그 지역 팔레스타인인들은 대부분이 야타Yatta 시에 몰려 삽니다. 나머지 사람들, 앞에서 말한 아와드나 아이샤 같은 사람들은 작은 마을에서 삽니다. 상당히 넓은 지역에 흩어진 마을들이고, 도로조차 없는 곳도 있죠.

야타 시는 팔레스타인 정부의 통제를 받고(A구역으로 지정된 지역), 그 수변을 둘러싼 농촌 지역은 이스라엘의 통세를 받습니다(C구역으로 지정된 지역). 즉 이 농촌 지역에서 이스라엘군이 주민들의 생활을 다양한 측면에서 통제할 가능성이 있다는 뜻입니다.

헤브론 남부 언덕에 사는 팔레스타인 주민은 대부분 가난하며,

농업이나 목축업으로 생계를 유지합니다. 그중 일부는 오랫동안 이 지역 여기저기에 흩어진 동굴에 살다가 이스라엘군이 그마저 부수는 바람에 천막촌으로 이주할 수밖에 없게 되었죠.

그 주민 가운데 일부는 1948년 **나크바**(108쪽 참조) 이후 이 지역으로 온 팔레스타인 난민입니다.

이스라엘 관할 지역에 사는 팔레스타인 주민들은 물과 같은 생필품을 포함해 삶의 모든 측면을 이스라엘 당국에 의존하고 있습니다. 전기조차 들어오지 않는 마을도 상당히 많습니다. 지난 몇 년 동안 마을과 야타 사이의 연결도 차단되었는데, 이스라엘 당국은 안전상 이유 때문이라고 밝혔습니다.

C구역 마을들은 땅과 자원에 대한 권리를 지키기 위해 이스라엘 당국과 끊임없이 싸우고 있습니다. 지난 수십 년 동안 정착민들은 마을 인근에 정착지를 점점 더 넓게 확장했으며, 이것은 국제법상 불법으로 간주됩니다. 이 정착지에서 이스라엘 거주자들은 이 지역 팔레스타인 시민들에게는 박탈된 모든 권리를 누리고 있습니다. 이에 대해서는 다음 장에서 다시 다룰 것입니다.

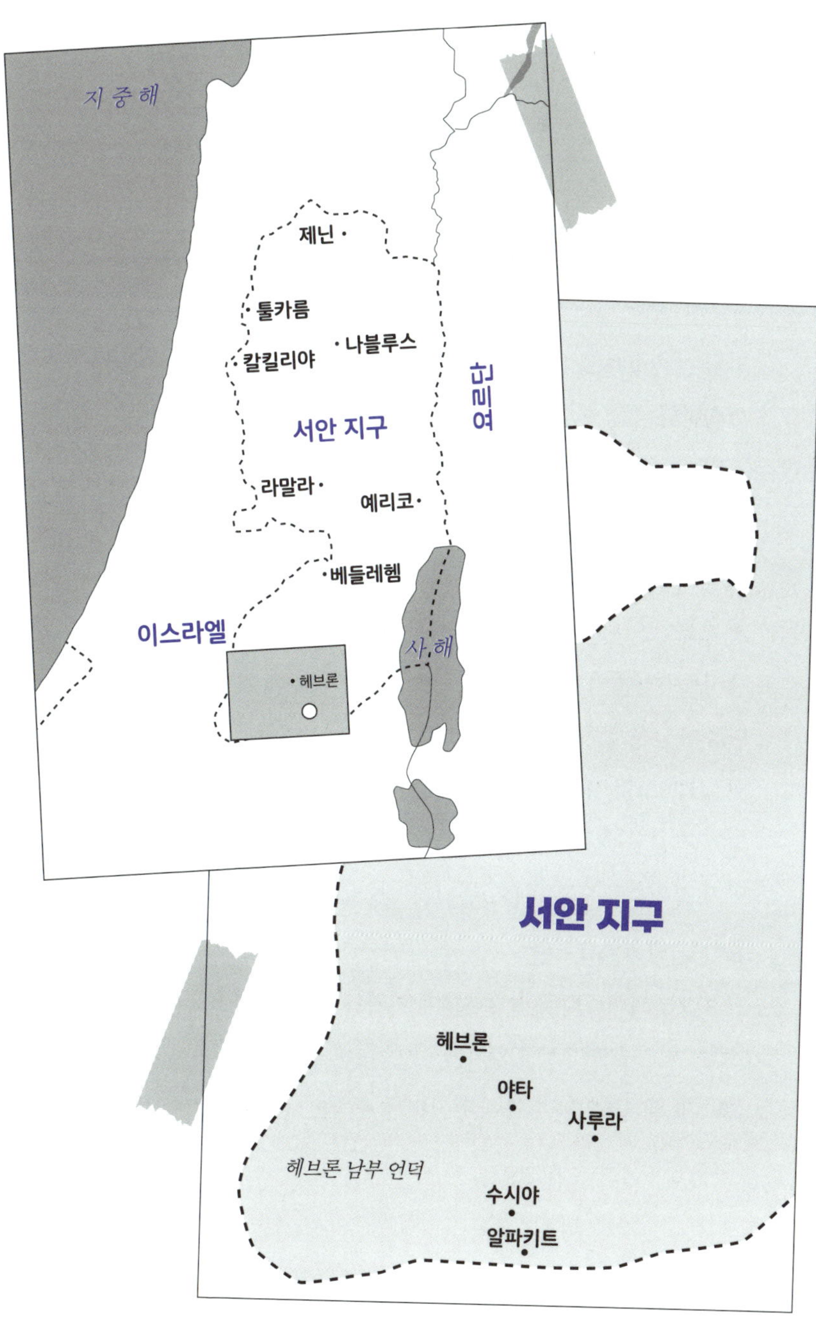

지중해
제닌
툴카름
칼킬리야
나블루스
요르단
서안 지구
라말라
예리코
베들레헴
이스라엘
사해
헤브론
서안 지구
헤브론
야타
사루라
헤브론 남부 언덕
수시야
알파키트

나크바 nakba는 아랍어로 '재앙'을 뜻하는 말로, 팔레스타인 사람들은 이스라엘이 건국될 때 자국 영토로부터 강제 이주해야 했던 일을 '나크바'라고 부릅니다. 1947~49년의 전쟁에서 최소 1만3000명의 팔레스타인인이 사망했고, 아랍 마을 400개가 파괴되었으며, 약 75만 명이 살던 집을 떠나야 했습니다.

전쟁이 끝나자, 앞에서 살펴본 것처럼 1947년 유엔의 분할 계획에 따라 팔레스타인에 할당된 지역의 약 40퍼센트를 이스라엘이 차지했습니다. 그 시기 팔레스타인인들은 망명해야 했을 뿐만 아니라 텔아비브와 예루살렘 사이에 있는 마을인 데이르야신에서의 학살 등 비극적인 사건 때문에 영원히 마음에 남을 상처까지 입었습니다. 이때 이스라엘의 공격으로 최소 100명이 사망했고, 사망자 가운데는 부녀자와 아이들도 있었습니다. 이 학살은 수많은 팔레스타인인에게 깊은 두려움을 안겨 집을 떠나도록 내몰았습니다. 그 가족들은 다시는 이전으로 돌아갈 수 없었습니다.

나크바는 팔레스타인 사람들에게 과거가 반복되고 있다는, 2023년 10월 7일의 공격으로 인한 갈등이 1948년의 연장선이라는 공포를 줍니다. 팔레스타인 민족에게 그해는 세대를 넘어 기억되었습니다.

그해 이후로 자신들이 고향 땅으로 '돌아갈 권리'가 보장되지 않는다는 것을 알았기 때문입니다.

유엔의 1948년 제194호 결의안과 1974년 제3236호 결의안, 그리고 1951년 난민의 지위에 관한 협약은 팔레스타인 시민들을 난민으로 간주하고 귀향할 권리가 있다고 규정했습니다. 그러나 이스라엘은 팔레스타인 주민들의 이주에 대한 책임을 전면 부인하고 그들의 귀환 또한 보장하지 않았습니다. 그들이 귀환하면 이스라엘의 유대 국가 정체성이 사라진다고 주장하면서 말입니다. 현재 대부분의 팔레스타인 사람들은 무국적 난민입니다. 그 어떤 국가의 시민권도 가지지 못한 상태로 가자 지구와 서안 지구, 인근 아랍 국가에서 살고 있습니다. 게다가 현재 중동에 사는 팔레스타인인 약 620만 명 가운데 대부분은 3세대나 4세대까지 무국적자인 상황입니다. 한 집안에서 삼대가 아무 시민권도 없이 살았다는 뜻입니다.

2007년, 팔레스타인에서 가장 영향력 있는 인물 중 한 명인 마흐무드 다르위시 Mahmoud Darwish 는 이렇게 말했습니다.

"팔레스타인 민족은 앞으로 다가올 날들보다 오늘이 나은 날이라고 확신하는 세계 유일의 민족이다." 오늘날 우리가 목도하는 이 현실은 미래가 과거의 망령들을 다시 불러낼지도 모른다는 공포와 지금의 재앙이 앞으로 더 심각한 재앙이 될지도 모른다는 두려움으로 가득합니다.

# 10월 7일 이후의
# 헤브론 남부 언덕

유엔에 의하면, 2023년 10월 7일에 발발한 전쟁 이후로 단 몇 주 동안 헤브론 남부 언덕의 베두인 농촌 공동체 15곳 내 1200명의 거주민들이 살고 있던 천막촌이나 집을 떠나거나 철거해야 했고, 기르던 가축도 포기해야 했습니다. 제가 이 책을 쓰는 2024년 여름에도 이런 상황이 지속되고 있고요.

이들의 이주를 새로운 관행이라거나 전쟁의 여파라고 보면 안 됩니다. 수 년 동안 이스라엘군은 정착민들의 파괴와 위협으로부터 팔레스타인 주민들을 보호하지 않았습니다. 베냐민 네타냐후가 2022년 12월 말에 다시 권력을 잡으면서(팔레스타인인이 거주하는 영토의 합병 등을 지지하는 주요 극우파 인사들이 포진한 정부의 수장이 되었죠) 이들의 삶은 더 힘들어졌습니다.

이후에 전쟁이 시작되면서 상황은 더 악화되었습니다. 정착지의 '신속 대응팀' 가운데 일부가 이스라엘 예비군으로 소집되었습니다. 그래서 현재는 군복을 입고 무기 등 군사 장비를 갖추고 활동하고 있죠. 이 예비군에 대해서는 다음 장에서 살펴볼 것입니다(136쪽 참조).

팔레스타인 공동체를 강제로 몰아내고 터전을 철거하게 만든 공격은 주로 C 구역에서 주로 발생했습니다. 점령된 서안 지구의 약 60퍼센트를 차지하는 이 구역은 1995년 오슬로 협정 때 팔레스타인 자치정부에 단계적으로 이양하기로 정했으나, 아직까지 모든 행정 및 보안 체제를 이스라엘이 통제하고 있습니다.

C구역 전역에서 팔레스타인인들은 건축 및 기존 설비의 확장을 하지 못하고 있습니다. 최근 유엔 인도주의업무조정국OCHA의 발표에 따르면, 팔레스타인인들이 제출하는 건축 허가 신청은 거의 모두 거부당한 것으로 밝혀졌습니다. 이스라엘 당국은 유대인 정착촌의 인프라 확장은 허용했습니다.

팔레스타인과 이스라엘 인권 단체들은 이러한 권력 남용을 계속 추적하고 있습니다. 수 년간 서안 지구의 상황을 지켜본 이스라엘 인권 단체 예시딘Yesh Din은 팔레스타인 지역 사회가 입은 폭력 피해 사례 목록을 지속적으로 갱신하고 있습니다.

## 이스라엘 정착촌과 정착민

세가 헤브론 남부 언덕에 방문하기 및 주 선인 2023년 12월, 쿠스라Qusra에서 정착민들이 올리브나무 500그루를 베어내고 팔레스타인 농부와 목동들이 경작하는 농경지를 시멘트로 덮어버렸습니다.

며칠 뒤 부린Burin 및 후와라Huwara 마을의 올리브 농장들이 불에 탔고, 카르유트Qaryut에는 목동들이 마을로 돌아가지 못하게 만드는 바위 장벽이 올라갔습니다. 장벽 가까이에 다가가려 하면 저격수들이 모두 사살해버렸습니다.

정착민이란 누구일까요? 우선 그들이 사는 정착지가 어떤 곳인지 함께 알아봅시다.

이스라엘은 1967년 6일 전쟁 이후 정착지를 건설하기 시작했습니다. 앞에서 살펴본 것처럼 이스라엘은 그 전쟁에서 서안 지구와 가자 지구, 예루살렘 동부를 빠르게 정복했습니다.

이스라엘은 서안 지구를 점령한 후 구시 에치온Gush Etzion에 처음으로 정착지를 조성했습니다. 지금까지 존재하는 그곳에는 약 4만 명이 거주하고 있습니다.

이미 언급했듯, 이스라엘이 건설한 이러한 정착촌은 국제법상 불법입니다. 제4차 제네바 협약에 규정된 '점령국이 자국민을 점령 지역으로 이주시키면 안 된다'는 내용에 위배되기 때문입니다. 제4차 제네바 협약은 1949년에 체결된 전쟁법 관련 4대 국제 협약 중 마지막에 해당합니다.

유엔 안전보장이사회 역시 여러 결의안을 통해 이스라엘 정착촌을 불법이라며 비판했습니다. 1980년부터 이미 유엔 안전보장이사회는 제465호 결의안에서 이스라엘 측에 기존의 정착지들을 철수하고 특히 예루살렘을 포함해 1967년부터 점령한 아랍 영토 내에서의 정착지 설립 및 건설 계획 등을 긴급 중단할 것을 촉구했습니다. 국제적십자위원회와 제4차 제네바 협약은 정착촌이 국제 인도주의법을 위반했다고 재차 확인했습니다.

유엔 안전보장이사회는 이 주제를 수차례 거론하면서 정착지의 불법성을 분명히 밝혔습니다.

그런데도 서안 지구에서 점령된 지역 가운데 40퍼센트는 정착촌의 통제 아래 있습니다. 이는 영토적·지리적 측면에서 막강한 영향을 끼칩니다. 정착지들은 서안 지구의 팔레스타인을 이쪽저쪽으로 갈라 거주지의 연속성을 끊어놓기 때문에 평화를 가로막습니다. 정착촌 때문에 팔레스타인 국가의 성립은 지리적으로 사실상 불가능합니다.

이제 처음에 제시한 질문에 답할 수 있을 것 같군요. 정착민은 점령된 서안 지구와 예루살렘 동부 지역의 팔레스타인 사유지에 건설된(거의 대부분 사유지에 건설됨) 정착지에 거주하는 이스라엘 시민을 말합니다.

현재까지의 추산에 의하면 현재 정착민의 수는 70만 명이 넘습니다. 이 수치는 거의 700만 명인 이스라엘 국가 전체 인구의

10퍼센트에 해당합니다. 정착지 수는 150여 개에 이르고, 전초 기지도 128개나 있죠.

정착지와 전초 기지는 무엇이 다를까요? 앞에서 본 것처럼 정착지는 이스라엘 정부에 의해 합법화되었으나(국제법상으로는 여전히 불법입니다), 전초 기지는 정부의 인가 없이 세워진 곳입니다. 사실 전초 기지는 소규모 이동식 주택이나 100명 정도 소수만 수용하는 작은 공동체입니다. 간단히 말하면, 진정한 정착지가 되기 전 단계인 것이죠.

이스라엘은 서안 지구를 '점령' 지역이 아니라 '분쟁' 지역으로 규정하고, 정착지의 운명을 분쟁 종식을 위한 협상에서 다루어야 한다고 주장합니다. 수많은 정착민들은 장기적으로 서안 지구가 완전히 이스라엘 영토로 합병되기를 바랍니다. 팔레스타인 영토를 합병하면, 두 국가의 존재를 규정하는 그 어떤 방안도 효력이 없을 것입니다. 두 국가 해법을 위해서는 수많은 정착지를 철거해야 하기 때문입니다.

이스라엘 역사상 가장 오랫동안 총리를 지낸 베냐민 네타냐후의 정부는 특히 정착지 정책에 적극적입니다. 이 책을 쓰는 지금도 실제 정착민인 이스라엘 국가안보부 장관 이타마르 벤그비르Itamar Ben-Gvir를 비롯해 재무부 장관 베잘렐 스모트리치Bezalel Smotrich 등 이스라엘 극우파 인사들이 베냐민 네타냐후 정부에 포진하고 있습니다.

이스라엘 정부는 이 주요 인사들에게 서안 지구 정착지 건설 계획을 승인할 권한을 주었습니다. 그러는 바람에 정착지의 확장만이 아니라 이미 불법적으로 조성된 전초 기지들의 합법화 과정도 빨라지고 용이해졌죠. 특히 2023년 10월 7일의 공격 이후 베잘렐 스모트리치는 정착지를 확장하는 데 전념했습니다.

## 언덕 아이들의 꿈

헤브론 남부에서 15킬로미터 거리에 주로 농업이나 목축업에 종사하는 팔레스타인 가구들로 구성된 공동체가 있습니다. 400명 정도가 천막이나 나무·흙으로 만든 판잣집에 살면서 수시야Susiya라는 마을에 활력을 불어넣고 있죠.

그 마을 주변 사방에 이스라엘 정착민들의 불법 정착지와 전초 기지가 있습니다. 마을과 가장 가까운 정착지는 1983년에 지어졌습니다. 처음에는 작은 이동식 주택들이 자리 잡더니, 이후에는 전기·수도 등의 인프라 시설이 갖추어져 어느덧 그 이동식 주택들이 정착민들을 위한 집이 되었어요.

그에 비해 팔레스타인 사람들은 수십 년 전부터 모든 것이 부족했습니다.

제가 수시야에 도착했을 때 처음 본 것은 길가에서 주위를 살피다가 노새를 탄 이스라엘 정착민이 지나가는 모습을 보자 몸을 돌려 도망치는 어느 소녀의 얼굴이었어요.

여러분도 먼 곳의 이야기, 시간적·공간적으로 먼 이야기를 들으며 떠올린 어떤 이미지를 마음에 새긴 적이 있을 겁니다. 헤브론 남부 언덕에 도착했을 때 제 머리는 온갖 데이터와 기사 내용으로 가득했습니다. 수많은 보고서와 책, 분석 자료, 회고록 등을 읽고 갔기 때문이죠. 여러분도 지금 우리가 있는 곳에 대해 깊이 빠져들어 여기까지 이야기를 들었다면 이곳에 대한 이미지를 마음에 담고 있겠죠.

그 어린 소녀의 눈동자에 서린 두려움을 본 순간만큼 세상이 얼마나 살기 어려운지, 그 삶을 사는 사람은 어떤지를 알게 해준 때는 없었습니다. 바로 그 눈빛 때문에 이 새로운 전쟁이 시작된 지 몇 주 지나지 않아 다시 그곳에 간 것이고요. 저는 그곳에서 무슨 일이 일어나고 있는지 직접 보고 파악하기 위해 헤브론에 갔습니다. 이전에 마지막으로 보았던 그 지역들의 상황이 얼마나 바뀌었는지 궁금했는데, 알아볼 수 없을 정도로 변했더군요.

길가를 내다보고 있던 소녀는 저와 제 친구 무한나드<sup>Muhannad</sup>가 그날 아침에 도착한다는 것을 알고 있었어요. 소녀의 이름은 지난 나와자Jinan Nawaj'a였어요.

지난은 열세 살이고, 우리가 만난 건 2023년 10월 7일 이후 처음으로 학교에 다시 가기로 했던 날이었어요. 하마스의 공격 이후 이 지역 학교들은 안전상 문제로 모두 문을 닫았고 지난은 학교로 돌아가 친구들을 만나고 다시 공부할 수 있기를 바랐습니다.

그러나 다시 등교하기 전날, 이스라엘 군인들이 아직 너무 위험하니 개교를 늦추는 것이 좋겠다고 마을 의회에 전해왔습니다. 거리로 나와 목적지까지 가는 것조차 위험하다면서요. 서안 지구의 분위기가 너무 긴장돼 있어서 아예 움직이지 않는 것이 낫다는 판단하에 마을 대표가 각 가정에 개교를 늦춘다고 알렸습니다. 부모들은 자식들에게 이 소식을 전했죠. 아이들은 두 달 넘게 공부를 하지 못했고, 이 시간이 앞으로 얼마나 더 길어질지 알 수 없었습니다.

학교 수업을 위해 마을을 벗어나는 일의 두려움은 아이들에게나 어른들에게나 새로운 것이 아니었습니다. 가자 지구에서 전쟁이 시작되기 전에도 지난의 부모님은 아이가 걸어서 학교에 가는 것이 마음 편치 않았어요. 정착민들의 공격은 거리만이 아니라 학교 주위에서도 이루어졌습니다. 정착민 무리가 학교 건물을 둘러싸고 아이들로 가득 찬 교실에 돌을 던지는 바람에 지난은 세 번이나 대피해야 했습니다.

여러분이 교실 창밖을 내다보았더니 팔레스타인 학교라는 이유만으로 나이 많은 아이들이 몰려와 돌을 던졌다고 생각해보세요.

제가 수시야에 도착하기 전날 밤, 지난이 잠을 설쳤다는 것을 알 수 있었어요. 사실 그 전날도 잠을 자지 못했죠. 그 무렵 지난을 비롯한 마을 아이들은 근처 사방에 사는 정착민들의 습격과 살해를 두려워하고 있었습니다.

열흘 전, 정착민 여덟 명이 한밤중에 마을로 들어왔습니다. 지난은 부모님과 두 여동생, 남동생 한 명이 다 같이 사용하는 방에 펼쳐놓은 매트리스에서 자고 있었습니다. 정착민 중 한 명이 커튼을 찢어 얼굴을 가린 채 방에 들어왔고, 뒤이어 두 명이 따라 들어왔습니다.

그들은 아이들에게 총구를 들이대며 부모님에게는 가능한 한 빨리 집을 떠나라고, 그러지 않으면 아이들을 죽이고 수시야 마을 전체에 불을 지르겠다고 협박했어요. 지난은 울면서 곧 죽겠구나 생각했고, 바닥을 기어 엄마에게 다가가 품에 안긴 뒤에야 안도감을 느꼈습니다.

지난은 바닥에 몸을 웅크린 채 옆 천막에서 들려오는 할아버지의 비명과 정착민들의 고함소리를 들었어요. "요르단으로 가버려라! 안 그러면 가자 지구에 살던 너희 친구들과 똑같은 최후를 맞게 해줄 테다!" 잠시 후 정착민들은 길가에서 기다리고 있던 밴을 타고 가버렸습니다.

한 달 전에는 군복을 입은 정착민 한 명이 불도저를 끌고 왔고, 그 뒤로 차 두 대가 뒤따라와서 마을로 들어오는 길들을 차단했습니다. 불도저가 물탱크들을 부수는 동안 다른 정착민들은 땅에 묻힌 수도관을 망가뜨렸습니다.

몇 시간 내로 집에 어떤 사람들이 떼로 쳐들어올지도 모른다는 두려움과 함께 잠든다고 생각해보세요. 생활하는 데 필요한 것들만 부수면 그나마 다행이고, 최악의 경우 모든 걸 불태우고 누군가를 죽이기까지 하면 어떨까요? 수시야와 근처 마을의 아이들은 매일 밤 그런 공포 속에서 잠든답니다.


지난은 그런 것들을 기억하고 있습니다. 저와 언덕을 앞에 두고 낡은 소파에 앉아 차를 마시면서, 때로는 습격을 당했던 그녀의 방에서 그 기억들을 들었습니다.

저는 그 열세 살 소녀가 자리에서 일어나 그날 밤에 있었던 일을 재연하던 모습과 걸음걸이, 한마디 한마디 말을 결코 잊을 수 없을 겁니다. 지난은 정착민들이 창문을 깨는 모습과 어머니의 품에 안기던 자신의 행동을 그대로 보여줬어요. 지난은 딱 두 번 눈물을 보였어요. 처음에는 자신의 두 팔로 스스로를 감싸며 자신을 보호해주던 어머니를 떠올릴 때였고, 두 번째는 배낭에서 책을 꺼내며 공부하던 때가 얼마나 그리운지 모른다고 말할 때였어요.

이스라엘 정착민을 바라보는 팔레스타인 어린이들의 얼굴은 설명하기가 어렵습니다. 그들은 서로를 감시하고, 서로를 두려워하고, 서로 자기들 땅이라 생각하면서 같은 땅을 밟습니다. 지난은 학교에 가지 못하고, 집밖으로 나가는 것조차 두려워합니다. 창문을 내다보면 저 멀리서 이스라엘 아이들이 노는 모습이 보이지만, 지난은 숨어야 합니다. 지난은 자신에게 아무 힘도 없다고 느낍니다.

지난은 세상의 다른 모든 아이들처럼 살고 싶다고 말합니다. 잠이 들까 봐 겁내지 않고, 또래 친구들과 영어 공부를 하러 자유롭게 걸어가고 싶다고 해요. 영어를 유창하게 해서 자신이 만나는 모든 외국인에게 헤브론 언덕에 사는 팔레스타인 어린이들이 무슨 일을 겪고 있는지 이야기하고 싶다고 했어요.

지난은 미래를 생각하면 결국 이 문장이 가장 먼저 떠오른다고 했습니다. "자유를 되찾은 팔레스타인 국가에서 살고 싶다." 의사가 되고 싶다는 꿈도 이야기하더군요. 그 꿈을 말하는 지난의 눈빛에는 희망과 절망이 뒤섞여 있었습니다. 자신에게는 고등교육을 받는 것조차 꿈같은 일임을 아니까요.

밤이 깊어 잠들기 전, 지난은 가자 지구의 아이들을 생각하면 할아버지를 공격했던 정착민이 한 말이 머릿속에 울려 퍼진다고 말했어요. "너희도 똑같은 최후를 맞이할 거야." 그래도, 몇 시간이나 잠을 이루지 못하고 거리에서 들려오는 끔찍한 소리에 떨면서도 떠날 생각은 하지 않습니다. 무슨 일이 있어도 고향에 있고 싶기 때문이죠.

지난의 배낭에는 스케치북이 들어 있습니다. 마지막으로 했던 숙제에는 '여러분이 원하는 집을 그려보세요'라는 제목이 적혀 있었습니다. 지난은 길을 그렸더군요. 사람들의 통행을 막는 바위가 쌓여 있지 않은 자유로운 길이었습니다. 2023년 10월 7일부터 차단된 서안 지구 전역의 도로 수십 곳처럼 지난의 마을도 정착민들에 의해 차단되고 검문소의 군인들이나 새로 쌓은 제방에 의해 막혀버린 상태였습니다.

현재 수시야의 주민들은 차량으로는 마을에 드나들 수 없고, 걸어서나 노새를 타고서만 이동할 수 있습니다. 멀리서 보면 수시야는 언덕과 농작물을 덮은 빛이 오랜 역사와 희망을 비추는 평화의 지평선처럼 보입니다. 가까이서 보면, 영원히 치유되지 않을 상처 입은 땅이죠.

# 머무는 것이 저항이다

라와 자바린Raw'a Jabareen도 열세 살이고, 샤브알보톰Shab Albotom 마을에 삽니다.

라와 자바린의 아버지는 세 번이나 이주해야 했고, 라와는 정착민이 부순 삼촌 집의 잔해 속에서 횡포가 무엇인지 배웠습니다. 집이 폐허가 된 다음 날, 삼촌은 라와의 인생에서도 일어날 수 있는 일이니 적응해야 한다고 말했습니다. "천막과 마을을 만드는 데는 오래 걸리지만, 우리는 다시 시작하는 데 아주 익숙해. 시간과 에너지가 많이 필요한 일이지. 하지만 단 몇 초면 다 부술 수 있어. 인생도 한순간에 송두리째 사라질 수 있단다."

라와도 학교에 갈 수 없었습니다. 라와의 마을에서는 가족뿐 아니라 교사들도 위협을 받았습니다. 샤브알보톰에서 라와를 만났을 때, 제게 이런 말을 하더군요. "정착민들의 꿈은 우리가 모두 고향을 떠나는 거예요. 그래야 우리 할아버지들의 농장과 우리 부모님의 집에, 우리 학교에 자기들이 건설할 수 있을 테니까요. 정착민들이 원하는 게 바로 그거예요. 하지만 우리는 떠나지 않을 겁니다. 여기 말고 달리 갈 곳이 없거든요. 그리고 지금 우리가 걷고 있는 이곳은 우리 땅이니까요."

라와는 애어른처럼 행동했고, 라와보다 어린 아이들이 주위에 모여 있었어요. 마치 라와 곁에 있어야 안심이 된다는 것처럼 말이죠. 실제로 라와는 지금 무슨 일이 벌어지고 있는지, 무엇을 해야 하는지를 아는 사람, 두려움보다 용기가 더 많은 사람의 에너지를 뿜어내고 있었습니다.

그 아이들이 사는 집에 대한 **철거 명령**(아래 참조)은 2019년에 날아왔습니다.



## 철거 명령

팔레스타인 주거지 가운데 이스라엘 측에서 폭력 행위에 책임이 있다거나 폭력을 저질렀다고 의심하는 이들의 주택은 철거 대상이 됩니다. 이외에도 팔레스타인 사람들이 이스라엘 측의 허가를 받지 않고 지은 주택이나 이동식 거주지도 철거됩니다(건축 허가는 대부분 거부되죠).

전초 기지나 정착촌처럼 이러한 관행도 국제적인 차원에서 비난을 받고 있습니다. 제4차 제네바 협약 제53조는 점령국(이 경우에는 이스라엘)이 "개인, 국가, 공공기관, 사회 조직, 협동조합에 사적으로나 공적으로 속한 동산 및 부동산을 파괴하는 것"을 금지하고 있습니다. 그러나 같은 조항에 "다만 군사 작전상

라와는 아버지가 집을 허물고 온 가족을 위한 더 멋진 집을 지을 거라고 말하던 날을 생생하게 기억하고 있습니다. 라와는 아버지의 눈물과 갈라지는 목소리에서 그것이 거짓말임을 알았죠. 시간이 흐르면서 아버지가 점령이라는 현실의 폭력으로부터 가족을 보호하려 한다는 것도 알게 되었습니다.

라와의 아버지는 제가 그녀와 함께 걷는 동안에는 내내 멀찍이 떨어져 있다가, 하루가 끝날 무렵 언덕 위 가장 높은 곳으로 저를 데려갔습니다.

그곳에서 저를 옆에 앉히고 이렇게 말했죠. "그날 집만 철거된 것이 아니라, 마구간과 우물도 파괴됐어요. 우리 집안은 대대로 목동이어서 그것들이 유일한 소득원이었어요. 우리가 다시 시작할 수 있도록 도운 건 지역 사회였습니다. 당시 한쪽에서 여자들이 군인들에게 무릎 꿇고 "밖에서 잘 수 없으니 방 한 칸이라도 남겨달라"고 눈물로 애원하던 모습이 기억나는군요. 겨울이었어요. 이곳의 겨울은 혹독해요. 아이들의 눈빛도 기억합니다. 우리는 할 수 있는 한 아이들을 보호하려고 거짓말도 하고 옛날 이야기도 해주고, 더 멋진 집을 짓는 척도 했어요. 하지만 아이들은 모든 것을 아는 채로 자라요. 거짓말을 하는 것도 어렵고 아이들을 속이는 것도 어렵고, 희망이 있다고 설득하기도 어려워요. 우리는 여기 우리 공동체 속에서 아이들에게 평화롭게 함께 사는 법을 가르치려고 최선을 다하고 있어요. 하지만 아이들은 트라우마를 겪었죠."

라와의 아버지는 트라우마라고 말할 때, 그것이 집을 잃으면서 꿈도 잃고 안전하다는 느낌도 사라진 것이라고 말합니다. 우리 모두 아는 것처럼 집은 안전한 곳이어야 합니다. 그러나 헤브론 남부 모든 마을의 아이들은 결코 집이 안전하다고 느낄 수 없고, 항상 잠시 머무는 곳이며 끊임없이 위협당하는 곳이라고 생각하며 살아갑니다.

라와는 그날 아버지가 울던 모습을 기억합니다. 그리고 법원에서 팔레스타인 사람들을 보호해줄 수 없다고 말하는 것을 들었을 때, 자라면 변호사가 되어야겠다고 결심했습니다. 라와는 고향과 그곳에 사는 사람들을 보호하는 데 도움이 되고 싶고, 학대당하는 현실에서는 강해져야 하며, 절대로 폭력에 굴복하면 안 된다는 것을 압니다. 라와는 강해지고 견뎌야 한다는 것을 압니다. 라와는 폭력에 폭력으로 대응하면 안 된다고 배웠습니다. 그래서 자기 땅에 머무는 것이 가장 용기 있는 저항 방법임을 압니다.

# 3장

# 총을 거부하는

사람들

지중해
레바논
부대 배치
지역
아크레
하이파
시리아
나사렛
베이트 셰안
제닌
크파르사바
나블루스
서안 지구
텔아비브
암만
리숀레지온
라말라
레호보트
아시도드
예루살렘
베이트 셰메시
아슈켈론
베들레헴
헤브론
가자 지구
아라드
니르 이츠하크
베에르 셰바
디모나
이스라엘
하제바
요르단
이집트
에인 야하브
휴전선
이스라엘
서안 지구
가자 지구 지도
에일랏

제가 잇도의 방에 들어갔을 때 가장 먼저 느낀 것은 사춘기의 흔적이었습니다. 좋아하는 그룹의 스티커와 고등학교 교과서, 스테레오와 헤드폰 등이 어질러진 것은 그 또래 여느 아이들의 방과 똑같았습니다. 책상 앞 벽면에는 그 나이 또래에게 흔한 상징 하나가 자리하고 있는데, 이 상징은 텔아비브에 위치한 그의 방에서만큼은 특별한 의미를 갖습니다. 그것은 바로 평화의 상징입니다.

잇도 엘람Iddo Elam은 17세의 이스라엘인으로 평화주의적인 집안에서 자랐습니다. 아버지는 변호사, 어머니는 사회복지사이고, 집안에서는 항상 모두를 위한 권리와 사람은 평등하다는 문화가 중시되었죠. 잇도의 부모님은 아들에게 음악을 사랑하라고 가르쳤고(실제로 잇도는 재즈 그룹에서 콘트라베이스를 연주하고 있어요), 평화를 사랑하며, 다른 사람을 환대하고, 남을 적으로 여기지 말라고 가르쳤습니다.

잇도는 **병역 거부자**(143쪽 참조), 즉 의무 군복무에 응하지 않는 양심적 병역 거부자가 되기로 했다고 말했습니다. 병역 거부자의 개념에 대해서는 이 장의 마지막 부분을 보면 자세히 알 수 있습니다. 이스라엘에서 잇도의 이러한 결정은 처벌받을 수 있는 일, 즉 징역에 처할 수 있는 일입니다. 잇도 역시 친한 친구 중 한 명인 탈 미트니크Tal Mitnick가 이미 그런 일을 겪었기에 잘 알지요. 탈은 2023년 10월 7일 가자 지구에서 전쟁이 시작된 후 처음으로 징병제에 반대한 18세 이스라엘 소년이었습니다.

잇도와 탈이 처음 만난 것은 작년입니다. 당시 병역 수행 거부 의사를 밝히려 공개 서명했던 청소년 200명 가운데 잇도와 탈이 있었죠. 두 청년 모두 '거부하는 사람들'이라는 의미를 가진 메사르보트Mesarvot 협회에 가입했습니다. 이 메사르보트라는 말의 의미는 매우 넓습니다. 단순히 싸움만 거부하는 것이 아니라, 이제 거의 한 세기가 다 되어가는 팔레스타인 영토 점령까지 거부하는 개념이죠.

2023년 잇도와 탈을 비롯한 행동파 친구들은 서안 지구에 있는 마사페르 야타Massafer Yatta라는 팔레스타인 마을로 가서 팔레스타인인 1200명을 살던 집에서 강제 이주시킨 일을 항의했습니다.

잇도는 이스라엘군이 이 지역을 '폐쇄 군사 지역'으로 선언했다고 말했습니다. 일부 민감한 지역에서 민간인 출입을 금지하는 건 새로울 것이 없지만, 이스라엘군은 이를 거주지 철거를 정당화하고 마음에 안 드는 활동가들(증인들)을 확실하게 배척하는 계략에 이용했습니다. 그래도 잇도와 탈과 친구들은 그 마을로 갔습니다. 현장에서 마사페르 야타 주민들의 저항을 도왔고, 주민들과 마찬가지로 극단주의 단체와 경찰의 공격을 받았습니다.

잇도는 이런 이야기를 하면서 팔레스타인 친구가 많다는 말도 했습니다. 10월 7일 이후에도 그는 팔레스타인 사람들과 멈추지 않고 대화했습니다. 그들을 직접 보지 않았다면 팔레스타인 영토 점령이 진정 무엇을 의미하는지 몰랐을 것이라고도 했습니다.

## 이스라엘 사회의 군사화

탈과 잇도의 선택이 얼마나 힘든 것인지 알려면, 무엇보다 이스라엘의 군목부 체제를 알아야 합니다.

이스라엘에서는 군복무가 대부분의 남성과 여성이 이행해야 하는 의무입니다. 입대는 규범이자, 이스라엘 국가의 정체성에 해당하는 부분이라 학생인 16세 무렵부터 입대 준비를 하는 경우가 많습니다. 군대에서 학교를 방문해 남녀 학생들에게 입대 훈련에 자원하도록 권유합니다. 무기를 들 수 있다는 확신이 선 학생들에게는 확신을 다져주고, 그런 확신이 없는 학생들에게는 의지의 불씨를 일으켜주려는 것이죠.

제가 잇도에게 열 살이나 열세 살 무렵의 어린 시절은 어땠는지 물으니, 이스라엘에서 성장이란 조만간 입대해야 하는 현실을 알게 되는 것이라고 대답했습니다. 다들 성인이 되면 그렇게 된다는 것을 안다고요. "평생 살면서 거의 의심을 품지 않는 일이죠." 누군가 교육을 통해서나 본보기를 보이면서 다른 선택을 할 수 있음을 알려줄 때까지는 말입니다.

병역을 면제받는 사람은 극히 일부이고, 그 소수의 사람들도 소리 소문 없이 면제를 받습니다. 예를 들어 신체적·정신적 건강 상태가 적절하지 않음을 증명하는 서류를 제시하면 되죠.

잇도는 이 면제 가능성에 대해 알고 있습니다. "제가 아는 사람들도 대체로는 입대하지만, 몇몇 친구는 하지 않을 거예요. 정신 건강 문제로 면제 신청을 할 거거든요."

이 말을 하면서 잇도는 마치 그다음에 자신에게 곧바로 던져질 질문이 무엇인지 안다는 표정으로 저를 바라봤습니다. "잇도, 너도 면제 신청을 하지 그래? 군 교도소에 가게 될 걸 알면서 징집을 거부하는 것보다 낫잖아?"

제 질문에 잇도는 이렇게 대답했습니다. "제가 이런 선택을 하는 걸 이해하지 못하는 사람이 많아요. 물론 면제를 신청할 수도 있죠. 하지만 저는 입대 거부 의사를 명확하게 밝히기로 했어요. 제 행동을 공개적인 저항으로 전환하고 싶어서요. 제가 면제를 신청하면 그에 대해서는 아무도 모를 것이고, 그런 결정을 한 이유도 아는 사람이 없겠죠. 하지만 저와 다른 병역 거부자들이 원하는 것은 제 나이대의 젊은 사람들이 점점 더 많이 함께하는 운동, 우리 사회의 군사화를 끝내는 운동을 형성하는 거예요. 우리는 여기 이스라엘에 있는 모든 사람이 의무라고 여기는 병역을 이런 질문으로 바꾸어야 해요. "나는 정말 군대에 가고 싶은가?"

잇도는 그의 집 주방에 놓인 커다란 식탁에 앉아 차를 마시면서, 젊은이들이 서로 만나면 가장 먼저 묻는 것이 "군대 어디로 가?"라고 말했습니다. 친구들과는 해변이나 텔아비브 중심지나 헬스장에서 만나곤 하는데, 서로에게 '뭘 좋아해?' '최근에 본 공연 어땠어?' '요즘 어떤 사람 만나?' 같은 게 아니라 입대할 곳을 어디로 지정받았는지 묻는다는 거예요.

여기서 입장을 바꿔 생각해봅시다. 여러분이 잇도가 되었다고 말이죠. 여러분이 토요일 오후에 친구들과 외출해서, 어떤 학교에 다니고 싶은지를 이야기하는 것이 아니라 이런 것들을 묻는다고 상상해보세요.

"너는 어디로 입대해?"

"북부 기지."

"나는 동부로."

이런 식으로요.

잇도는 그의 세대에 대해 비밀을 털어놓듯 설명했고, 그 순간 저는 해변의 큰길에 서 있던 무장한 소년소녀들을 떠올렸습니다. 그들은 어깨에 무기를 둘러멘 채 서로 손을 잡고 웃고 있었습니다.

잇도의 이야기를 듣는 동안 저는 이런 의문이 들었습니다. '이 젊은이들에게 저 무기는 어떤 의미일까? 이들의 자아 형성에 얼마나 큰 영향을 끼칠까? 잇도처럼 군대에 가지 않기로 결심하면 어떤 기분이 들까?' 저는 곧바로 잇도에게 물어보았습니다.

"저는 너무 외로워요. 어떤 사람들은 제가 하마스 지지자라고 생각하기도 해요. 제가 입대를 하지 않으려 하고 전쟁에 반대한다는 이유로 이슬람 테러리스트와 친하다고 여기죠. 학교 복도에서 그런 말을 하는 걸 여러 번 들었어요. '배신자'라는 둥 '나치'라는 둥 온갖 비난을 쏟아부어요."

배신자. 잇도가 학교 복도에서 듣는 말입니다. 속삭이듯 말했을 수도 있고, 비난을 품은 눈빛으로만 표현했을 수도 있습니다.

매일 아침 잠에서 깨어 커튼을 젖히면, 대학교 건물에 커다랗게 쓴 'Bring Them Home', 즉 '그들을 집으로 되돌려 보내라'라는 문구가 보입니다. 2023년 10월 7일 하마스를 비롯한 다른 무장 단체에게 납치돼 가자 지구로 끌려간 이스라엘 인질들을 두고 하는 말입니다.

햇살이 방을 비추고, 잇도가 가방을 챙겨 학교에 갈 시간이 됐습니다. 재빨리 확인해보니 빠트린 것은 없습니다. 책과 공책, 연필까지 다 챙겼습니다. 집을 나서기 전, 잇도는 학교까지 걸어가는 동안 귀에 꽂을 헤드폰을 잊지 않았습니다. 집에서 2킬로미터나 되는 거리였기 때문입니다. 학교 정문을 들어서면, 싸우려 하지 않는다는 이유로 자신을 비겁하다 여기는 사람들을 만나리란 것을 잇도는 압니다. 폭력은 폭력에 대한 답이 아니라고 생각한다는 이유로 자신을 배신자라고 여기는 사람들도 만나게 될 겁니다.

또래 친구들의 따돌림을 견디기 힘들고 병역을 거부하면 감옥에 간다는 것을 아는데도, 잇도는 전혀 주저하지 않았습니다. 자신의 전투에서 끝까지 싸울 것입니다.

## 이스라엘에서 양심적 병역 거부자가 된다는 것

일반적으로 이스라엘의 양심적 병역 거부자는 열흘간 구금되고,

## 징집과 예비군

이스라엘 방위군Israel Defense Forces, IDF은 1948년에 이스라엘이 건국될 때 창설되었습니다. 이탈리아 주재 이스라엘 대사관 웹사이트를 읽어보면 IDF의 목적은 "이스라엘 국가의 존재, 영토 통합성, 주권의 수호"입니다.

이스라엘의 군복무를 규정하는 법률은 국내 거주민이든 해외 거주민이든 이스라엘의 모든 시민에게 적용됩니다. 18세가 되어 필요 조건을 갖춘 모든 남성과 여성이 군복무 의무를 집니다. 남성은 3년, 여성은 2년간 의무적으로 군복무를 해야 하죠. 의무 군복무를 마치면 모든 군인은 예비군으로서 부대에 배치되고, 51세까지 소집될 수 있습니다.

앞에서 본 것처럼, 신체적·정신적인 문제가 있으면 군복무를 면제받을 수 있습니다. 아랍계 이스라엘 시민에게는 군복무 의무가 없습니다.

계속 징집을 거부하면 여러 차례 반복해서 동일한 징역형을 선고받습니다.

잇도의 친구 탈 미트니크와 이들의 친구이자 마찬가지로 양심적 병역 거부자인 소피아 오르Sofia Orr는 2023년 10월 7일 이전에 병역 거부자들에게 내려지던 일반적인 처벌보다 훨씬 더 가혹하고 긴 처벌을 받았습니다. 탈의 경우 연속해서 네 번의 형을 받아 군 교도소에 몇 개월간 수감되었습니다. 처음에는 한 달 동안 수감되었는데, 잇도는 탈의 이 첫 장기 복역이 상징적이라고 생각했습니다. 다른 모든 소년소녀들에게 '군복무를 거부하면 이런 처벌이 기다린다'고 알릴 필요가 있었던 거죠.

탈은 자신의 결정을 공식적으로 설명하려고 소셜미디어에 다음과 같은 메시지를 게시했습니다. "폭력은 답이 아니다. 하마스든 이스라엘이든 마찬가지다. 정치 문제를 군사적으로 풀 수는 없다." 탈은 한 세기 넘는 긴 역사를 지닌 문제를 무기로써 해결할 수는 없다는 말을 전하는 것입니다.

한 가지는 확실합니다. 17세의 나이에 이런 선택의 기로에 놓이고 싶은 사람은 아무도 없습니다. 군복무를 하거나 판결에 따라 정해진 기간 동안(장기간인 경우가 많습니다) 자유를 포기해야 하는 기로 말입니다.


잇도는 매일 10월 7일을 생각한다고 말했습니다. 그날 아침 사이렌 소리에 잠이 깬 후로 정의가 무엇인지 되새기지 않은 날이 하루도 없었다고요. 답을 찾지는 못했지만, 팔레스타인 영토 점령을 끝내지 않고 안전을 말할 수는 없다는 것을 알았습니다. 다른 사람의 권리를 인정하지 않으면 자신의 권리도 말할 수 없다는 것, 고통과 복수를 동시에 말하는 것은 불가능하다는 것도 알았죠.

"10월 7일에 일어난 일은 끔찍했어요. 저희 가족도 습격을 받았어요. 부모님의 친구는 인질로 잡혀가기도 했고요. 사랑하는 사람을 잃은 사람들이 있어요. 저도 다른 사람들처럼 그날 큰 충격을 받았어요. 그런데 가자 지구의 사진을 볼 때마다 그 충격은 우울과 분노로 바뀌었어요. 제 주변에 사랑하는 사람들의 죽음 때문에 눈물 흘리면서 가자 지구 사람들이 죽기를 바라는 사람들이 있다는 사실을 받아들일 수 없었습니다. 정부와 이 사회의 여러 부분이 사람들의 고통을 다른 사람들의 고통으로 바꿔놓았어요. 그래서 그때의 트라우마를 극복하고 제 자신에게 이렇게 말했습니다. '이 모든 것이 내 안에서 복수심이 되어서는 안 된다.'

잇도는 자신처럼 생각하는 사람이 극소수라는 것을 알지만, 증오가 인간의 영혼을 타락시키지 않게 할 유일한 방법은 광장으로 나가 반대 의견을 표명하는 것이라 믿습니다. 그리고 전쟁이 트라우마를 치료하는 유일한 방법이라는 견해에도 동의하지 않습니다.

"이스라엘 언론으로는 가자 지구에서 사람들이 얼마나 죽어나가는지 알 수 없어요. 그래서 저와 행동파 친구들은 팔레스타인 측 소셜미디어를 확인하며 정보를 교차 검증하려고 해요. 그렇게 하지 않으면 가자 지구 내에서 무슨 일이 일어나고 있는지, 폭격의 영향은 어느 정도인지, 사망자 수는 얼마인지 전혀 알 수 없어요. 행동파인 저희가 이스라엘의 독립 언론인들과 함께 수행해야 할 임무는 사람들에게 우리의 이름으로, 우리의 안보를 위한다는 명목으로 일어나는 일을 보여주는 거예요. 그래서 거리로 나가 시위를 하며 사람들에게 실제로 무슨 일이 일어나고 있는지 알리고 있죠. 저희가 시위를 계속하는 이유는 이런 모습을 보면서 아무것도 하지 않는 것, 저항하지 않고 목소리를 높이지 않는 것이 우리의 소중한 재산인 인간성을 위험에 빠뜨리는 일이기 때문이에요. 이 공포를 일반적인 것으로 받아들이고 분노와 복수심의 희생자가 되는 일인 거죠. 현재의 전쟁 반대 시위는 우리 모두 직접 나서서 인간성의 마지막 한 조각까지 끌어모아 저항하는 일이고, 우리 인생에 합당한 가치를 부여하는 일이에요."

수적으로 극소수인 병역 거부자들은 평화 협상과 두 국가 해법에 대한 신뢰를 잃은 집단 중 하나입니다. 이 해법은 오슬로 협정에서 논의된 지 벌써 30년이 흘렀으나 실현되지 않았죠.

잇도는 몇백 명 안 되는 반대자들로는 여론을 바꿀 수 없다는 것을 압니다. 그러나 현재 그와 그 동료들의 저항이 이 전쟁이 언제 어떻게 끝날지 알고 싶어 하는 사람들의 안타까움에는 도움이 될 것도 알죠. 인질로 잡힌 사람들의 운명은 어떻게 될지, 가자 지구는 어떻게 될지 궁금해하는 사람들에게도 도움이 될 것이라고요.

잇도는 이상주의자이고, 그러한 분위기의 집안에서 자랐습니다. 그가 하는 말과 차분함이 제게는 무척 인상적이었습니다. 저와 처음 만났을 때 잇도는 콘트라베이스의 코드를 잡고 있었습니다. 저는 잇도가 감옥에 갇힌 동안 그 악기를 그리워할지 궁금했지만 묻지는 않았습니다.

## 반전 시위

어느 토요일 오후, 저는 잇도와 함께 텔아비브에서 열리는 시위에 갔습니다. 우리는 샤바트가 끝나기를 참을성 있게 기다렸습니다. 이 의식은 매주 금요일 저녁에 시작해 토요일 해가 지고 한 시간 후에 끝이 나죠. 유대교에서는 이날 휴식을 취하고 가족과 함께 토라Torah 공부를 하면서 보냅니다.

시위 시작 시간은 오후 6시 30분이었고, 잇도와 그의 친구들은 한 시간 일찍 도착했습니다. 몇몇 친구는 확성기를 들고, 몇 명은 현수막을 들고 있었습니다. 현수막 하나에는 "사격을 중단하라, 지금 당장!"이라고 적혀 있었습니다. 잇도는 확성기를 들고 이런 가사의 노래를 부르기 시작했어요. "두 국가, 두 민족, 유대인과 아랍인은 서로 적이 되기를 거부한다."

이따금씩 잇도와 서로 미소를 지어 보였는데, 그 미소 속에서 제게 이런 말을 하는 것 같았어요. '보이시나요? 제가 따뜻한 제 방에서 이야기한 모든 것이 사실이죠? 제가 양심적 병역 거부를 공공의 투쟁으로 만들겠다고 한 의도가 바로 이것이었어요.'

잇도는 자신을 감추려 하지 않고, 평화와 정의를 향한 소망을 외치고 싶어 합니다.

잇도의 아버지는 언제나 그랬듯 그의 등뒤에서 그를 지켜주고 보호했습니다. 지난 몇 주간의 시위에서 많은 이들이 체포되었고, 아버지는 잇도의 활동 반경에서 결코 벗어나지 않았습니다. 경찰이 잇도를 체포한다면 아버지이자 변호사로서 대응하려고 준비한 것입니다.

그날 저녁의 시위는 유난히 격렬했습니다. 네 명이 체포되었고, 시위 행렬이 국방부 청사에 도착하자 경찰은 기병대 지원을 요청했습니다. 잇도는 자리를 뜨지도 않고, 지나치게 과격한 행동도 하지 않았습니다. 그저 계속 구호만 외쳤어요. "사격을 중지하라, 지금 당장!"

밤이 되어 시위에서 돌아오는 길을 함께 걸으면서, 우리는 서로 아무 말도 하지 않았습니다. 저는 사람들로 북적이고 떠들썩한 집회 이후에는 생각할 시간을 갖곤 합니다. 목격한 것들을 정리하고 이전까지 해보지 않은 질문을 스스로 던지기 위해서요. 그런데 그날은 하루를 마감하기 전에 잇도에게 묻고 싶은 것이 있었습니다.

"네가 두려워하는 건 뭐니?"

"제가 가장 두려워하는 것은 이곳을 떠나는 거예요. 이스라엘에서의 미래를 꿈꿀 수 없게 되는 것이 두려워요. 저 같은 사람에게 이런 질문을 하는 사람들이 많아요. '이 정부와 그들의 생각을 그렇게 증오하면서 왜 떠나지 않는 거야? 왜 여기에 있어?' 저는 그런 질문을 받으면 웃음이 나요. 제가 떠나지 않는 이유는 제가 아는 곳도, 고향이라고 부를 수 있는 곳도 여기뿐이기 때문이에요. 그래서 사람들이 그런 질문을 하면, 그 사람들도 팔레스타인인들이 그들의 고향을 떠나야 한다고 말하는 사람들과 똑같다는 생각이 들어요. 저는 그들과 달리 우리 모두 여기에 머물러야 한다고 믿어요. 우리가 힘을 합쳐야 더 나은 미래를 만들 수 있을 테니까요. 두렵기는 하지만, 이스라엘인과 팔레스타인인 모두를 위한 미래를 꿈꾸기를 멈추지 않을 거예요. 다 함께요."

이스라엘의 병역 거부에 대해 정의 내리기 위해 이스라엘 오픈대학교Open University of Israel에서 군사 문제를 연구하는 사회학자 야길 레비Yagil Levy에게 도움을 청했습니다. 그에게서 받은 서신에 다음과 같은 내용이 적혀 있었어요.

이스라엘에서는 다양한 형태로 군복무를 거부할 수 있습니다.

1. **양심적 병역 거부**: 개인의 양심에 뿌리를 둔 전면적인 거부로, 군복무 수행에 동의하지 않는 경우입니다. 특정 군사 작전(예를 들면 서안 지구 전투)에 동의하지 않거나, 무기를 들고 군대의 일원이 된다는 개념에 절대적으로 반대하는 평화주의적 원칙으로부터 비롯됩니다. 양심적 병역 거부는 이스라엘 좌파 진영에서 더 두드러집니다.

2. **종교적 거부**: 종교적 신념으로 인한 병역 거부. 이스라엘의 경우 주로 초정통파 유대인들이 토라 공부에 전념해야 한다는 종교 계명에 어긋난다는 이유로 거부합니다.

3. **선택적 거부**: 군복무 중 특정 작전이나 군사 임무에 대한 참여 거부. 예를 들어, 정치적으로 좌파 성향을 지닌 군인이 점령지(팔레스타인)에서의 복무는 거부하고, 이외 다른 무장 지역에서의 복무에는 배치될 수 있습니다. 반면 정치적으로

우파 성향을 지닌 종교군은 정착촌(이스라엘 정착촌) 철거
작업에 투입되기를 거부할 수 있습니다.

4. **회색 거부**: 특정 행동의 일부를 비공식적으로, 명확한 선언
없이 거부하는 형태입니다. 예컨대 종교적 신념을 가진
군인들이 서안 지구 이스라엘 정착민의 폭력을 제지하는
임무를 일부러 느리게 수행하는 경우가 이에 속합니다.
또한 병사와 그의 지휘관이 특정 임무에서의 면제를
비밀리에 합의하기도 하는데, 이런 식의 합의는 레바논이나
서안 지구에서 근무하는 좌파 군인들에게서 빈번하게
이루어졌습니다.


이스라엘 사회의 병역 거부 현상은 최근의 일이 아닙니다.
베라카재단Beracha Foundation 회장 아리엘 들루미Ariel Dloomy가 정리한
것처럼, 이러한 현상이 처음 나타난 것은 1960년대로, 정확히
1967년 6일 전쟁 중 일부 군인이 이스라엘 점령지에서의 군복무를
거부했습니다.
1980년대 레바논에서 전쟁이 발발하면서 예시 그불Yesh Gvul이라는
운동이 결성되었습니다. 예시 그불은 히브리어로 '한계가 있다'는
의미이며, 병역 거부자들과 양심적 거부자들을 지원하는 것이
목적이었습니다. 이 운동의 홈페이지에는 이렇게 적혀 있습니다.
"민주주의 국가의 모든 시민은 군복무를 수행할 때, 본인이 넘을

수 없는 한계와 그 한계를 극복하는 행동이 무엇인지를 결정할 수
있어야 한다." 따라서 이들 가운데는 "군복무를 거부하고 대안적인
형태의 복무를 찾는 사람들"도 있고, "보호받지 못하는 점령 및
전쟁의 형태에서는 군복무 기피를 선택하는 사람들"도 있는
것입니다. 구체적으로 "이 운동은 팔레스타인 영토 점령에 대한
여론에 영향을 끼치는 것을 목표"로 합니다.

현재 병역 거부자들이 연합한 운동은 상당히 많습니다. 그중 하나는
앞에서 언급한 것처럼 잇도 엘람도 속한 메사르보트(히브리어로
'거부하는 사람들')라는 운동입니다.

현재 병역 거부자들의 수가 어느 정도인지 확실치 않고, 이스라엘
방위군도 그들의 수를 공개하려 하지 않아서 병역 거부자들도
자신들처럼 '거부'를 선택한 사람이 얼마나 되는지 모릅니다.
앞서 언급한 것처럼 이념 운동에 참여해 자신의 선택을 대중에게
선언하며 거부하는 사람이 있고, 병역 면제 요청으로 거부하는
사람도 있죠.

지난 몇 년 동안 정신 건강 사유와 종교 문제로 인한 면제가
증가하고 있습니다. 크네세트Knesset(이스라엘 의회)에서 발표한
성명에 의하면, 정신 건강 문제로 인한 면제가 2018년 약
8퍼센트에서 2020년 12월에는 12퍼센트로 증가했습니다. 이러한
면제 신청자들 중에는 분명 병역 거부자도 많을 것입니다.

# 4장

## 난민 캠프의

삼
20

먼 곳에 대한 이야기를 할 때 그곳에 대해 설명할 적절한 단어를 찾기란 매우 어려운 일입니다. 우리가 수집한 이야기에 대한 느낌을 모두 전달할 수 있는 표현을 찾기도 어려워요. 그렇기에 감각에 집중해 색감과 사물과 인물을 보고, 소리와 소음과 목소리를 듣고, 냄새와 향기를 느껴야 합니다. 독자나 청자가 글과 소리를 통해 최대한 그 느낌에 집중하도록, 그곳에 있는 듯 느끼고 내용을 이해하도록 말입니다.

제가 전 세계 어딜 가든 저녁에 침대나 책상 앞에 앉아 메모한 것을 다시 살펴보고 인터뷰한 내용을 옮겨 적으면서 의문이 드는 점들을 기록하는 이유가 바로 그 때문입니다. '나는 독자들을 여기까지 이끌기에 적절한 단어를 사용하고 있는가? 그 표현들은 정밀한가? 독자들이 더 깊이 이해할 수 있게 하려면 어떤 세부사항을 집어넣어야 할까?' 여러분이 이 책을 읽고 저와 함께 이곳에 있었던 것처럼 느끼기를 바라거든요.

제닌 난민 캠프(163쪽 참조)에 대해 쓸 때는 이 단계를 특히 더 신중하게 거쳤는데, 무엇보다 우리가 난민 캠프라고 하면 익숙하게 떠올리는 이미지, 즉 그에 대한 고정관념이 있기 때문입니다. 이동식 화장실은 고사하고, 유엔 마크가 인쇄된 흰색 텐트가 펼쳐진 모습도 생각하지 말아야 하죠.

제닌은 시내 지역에 속하고, 벽돌로 지은 주택들이 있기는 하지만 임시로 지은 가건물도 상당히 많습니다. 제닌은 일시적일 줄 알았던 상황이 거의 영구화된 현실을 드러냅니다. 우선 이 지역의 역사에 대해 간략하게 알아본 뒤, 난민 캠프로 들어가 그 안의 삶을 이야기해보겠습니다.

## 70년간 존재해온 난민 캠프

제닌 난민 캠프는 서안 지구에서 가장 큰 캠프 중 한 곳입니다. 1948년 아랍-이스라엘 전쟁 후, 이스라엘의 건국으로 집에서 쫓겨난 팔레스타인 사람들을 위해 1953년에 설립됐습니다. 그리고 20년 뒤 1967년 전쟁 때 새로운 강제 이주 물결이 발생했고요.

명목상 제닌은 1990년대 오슬로 협정으로 수립된 팔레스타인 자치정부의 통제를 받아야 합니다.

그러나 정치적으로 수년 동안 방치된 탓에 제닌 난민 캠프는 하마스와 **이슬람 지하드**(다음 설명 참조)가 새로운 조직원을 끌어들이는 천국이 되었습니다.

## 이슬람 지하드

이슬람 지하드 단체는 가자 지구와 서안 지구에서 활동합니다. 1980년대에 창설되어 이스라엘에 대항하는 무장 투쟁의 중요성을 내세우며 점차 군국주의적 성향을 키워갔습니다.

예를 들어 2000년대 초반 제2차 인티파다 중에 제닌 시를 거점 삼아 이슬람 지하드는 이스라엘에 여러 차례 테러 공격을 가했습니다.

이탈리아 정치과학연구소ISPI에서 분석한 바에 의하면, 하마스와 이슬람 지하드는 서로 경쟁하는 시기와 협력하는 시기가 번갈아 나타나는 특징이 있습니다. 두 단체 모두 점령된 팔레스타인 지역에서 지지를 얻으려고 경합했습니다. 2023년 10월 7일 이스라엘에 테러 공격을 할 때는 두 단체가 공조하여 행동한 듯 보입니다.

현재 제닌 캠프에는 약 1만 4000명의 난민이 삽니다. 팔레스타인인은 대부분 제닌을 이스라엘 점령에 맞선 영웅적 저항의 상징으로 여깁니다. 2002년 제2차 인티파다가 정점일 때, 난민 캠프가 열흘간 전투의 장이 되어 팔레스타인인 52명과(그중 절반은 민간인) 이스라엘 군인 23명이 사망하면서 그러한 상징이 되었죠.

이스라엘은 제닌 거주 가구의 4분의 1이 무장 단체에 가담하고 있다고 밝힌 바 있습니다. 이스라엘 총리 네타냐후는 제닌을 "테러리스트들의 소굴"로 여겨, 2023년 7월 제닌 시를 공격하기로 결정했습니다(2023년 10월 7일 하마스가 이스라엘을 공격하기 한참 전입니다). 바로 그 2023년 7월에 매우 중요한 공격이 벌어지는데, 10월 7일 이전 몇 개월 동안 일어난 일을 파악하는 데 중요하므로 설명할 필요가 있습니다.

이스라엘이 공중 및 지상 작전으로 학살을 자행한 것이 7월 3일이었습니다. 전투용 헬리콥터와 미사일, 드론, 장갑차, 그리고 병력 1000명을 투입했죠. 제닌 캠프 공습은 무장 단체의 기지를 파괴하는 것이 목적이었고, 그 이틀간 12명이 사망하고, 900여 채의 주택 및 수도관 8킬로미터, 하수관 3킬로미터가 파손되었습니다.

이 전쟁이 이어진 수개월 동안 여러분은 아마도 지역 이름이 붙은 "○○ 난민 캠프 공습"이라는 문구를 자주 보았을 것입니다. 저는 이 익숙한 문구를 시작으로 여러분에게 제닌 캠프에서의 삶을 전하려고 합니다.

여러분도 경험했겠지만, 억지로 사용하기 시작했던 단어들이 어느 순간 습관으로 자리 잡곤 하죠. 일단 습관이 되면 그 말에서 진정한 의미가 사라지기도 합니다. 이 경우, 공습은 어떻게 진행되었을까요? 그 결과는 어땠을까요? 이 부분을 여러분에게 설명하려면 제가 제닌에서 겪은 일을 이야기하는 것이 좋겠네요.

## 난민 캠프 공습

11월의 어느 목요일에서 금요일로 넘어가는 새벽 1시, 이스라엘 무장군이 제닌을 침공했습니다. 자동차 소리가 들려서 불도 켜지 않고 조심스럽게 창문으로 내다봤죠. 군용 차량들이 난민 캠프로 가려고 줄을 지어 도시로 들어오는 모습이 보였습니다.

D9 불도저가 '순교자 시린 아부 아클레Martire Shireen Abu Akleh 거리'로 불리는 입구 도로를 부쉈습니다. 2022년 5월 11일에 발생한 또 다른 공습의 뉴스를 전하다가 사망한 〈알자지라〉 기자 시린 아부 아클레를 기리는 곳이었습니다.

그날 밤 자흐라 지역Zahra(난민 캠프 외곽 지역)의 여러 건물에 배치된 저격수들의 총격 소리, 이스라엘 불도저가 캠프에 물을 공급하는 수도관을 파괴하기 위해 거리와 시설들을 파손하는 소리가 계속 이어졌습니다.

몇 시간 뒤, 제 방 창문 너머로 군용 차량들이 들어왔던 길로 다시 돌아 나가는 모습이 보였고, 총소리도 잦아들었습니다. 이미 날이 밝은 터라 저도 일어나 카메라와 녹음기를 챙겼습니다. 군사 작전의 여파가 어떤지 보러 가고 싶었죠.

도로는 파괴되고, 캠프에는 물이 끊기고, 부상자 12명에 사망자도 세 명이나 나왔습니다. 사망자 중 한 명은 제닌 대대의 지휘관 중 하나인 아이세르 모함마드 알아메르Ayser Mohammad al-Amer였습니다. 이 대대는 이슬람 지하드의 여러 파벌로 구성되었는데, 그중에는 하마스와 인근 도시 나블루스를 거점으로 활동하는 라이온스덴Lions' Den도 포함되어 있었습니다.

저는 계속 걸어가면서 주위를 살폈습니다. 도시에서는 전날 밤 사망한 사람들의 장례식이 늘 같은 순서로 치러집니다. 처음에는 병원 영안실에서 출발해 그다음에는 제닌 난민 캠프 거리로 행렬이 이어집니다. 그다음에는 캠프 사원에서 예배와 함께 장례식을 치르고, 마지막 여정으로 매장을 합니다. 묘지 두 곳에는 더 이상 자리가 없어서 들판에 움을 파서 매장했습니다. 다른 두 묘지 중 오래된 곳은 제2차 인티파다에서 전사한 사람들로 가득하고, 다른 묘지는 생긴 지 1년도 안 되어 어린아이들의 무덤으로 가득 찼습니다. 저는 장례 행렬을 따라 걸으며 주위를 둘러봤습니다. 제닌 난민 캠프에는 전사자나 살해된 민간인의 얼굴이 그려지지 않은 벽이 없고, 그들을 애도하지 않는 집이 없습니다.

저도 궁금하지만 여러분에게도 묻고 싶은 질문이 하나 있습니다. 죽음이 일상인 곳에서 아이들과 청소년은 어떻게 성장할 수 있을까요? 매일 밤 캠프가 습격을 받을 수 있다는 사실을 아는 아이들은 어떻게 성장할 수 있을까요? 고작 열네 살에 M16 총을 든 또래 친구들을 보는 소년들은 어떻게 자랄까요? 마지막으로, 저는 어떻게 하면 이 폭력의 고리를 끊을 수 있을지 궁금합니다.

저는 전사가 된 아버지와 어머니, 어린이, 청소년과 대화를 해봤습니다. 이제부터 저는 아무 편견 없이 여러분에게 그들의 이야기를 전하면서 앞서 제시한 질문에 대한 답을 찾아보려 합니다.

## 담을 넘은 암자드 이야기

제가 처음 만난 사람은 45세의 왈리드 알파예드 Waleed Alfayed 입니다. 그는 제닌 캠프와 이스라엘 감옥을 오가며 살았습니다.

왈리드는 몇 달 전인 5월에 아들 암자드 Amjad 가 집으로 뛰어들어왔다고 말했습니다. 저녁이었고, 아들은 들어오면서 소리를 질렀습니다. "저 숨어야 해요, 아빠. 저를 잡아가려 해요." 아들은 집에서 두 시간 동안 머물다가 다시 밖으로 나갔습니다.

왈리드는 사람들이 문을 두드린 다음 날 아침에야 아들의 소식을 들었습니다. 문을 열러 가면서 그는 이미 무슨 일이 생겼음을, 즉 아들이 죽었음을 예감했습니다. 잠시 후 제닌 병원에 도착해 암자드를 확인하고 매장했습니다.

장례식을 치른 뒤 소파에 앉아 텔레비전을 켜니, 한 이스라엘 채널에서 최근 벌어진 제닌 공습에 대해 보도하고 있었습니다. 뉴스 제목은 '테러리스트가 피살되었다'였습니다. 그 테러리스트는 아직 열여섯 살도 안 된 소년인 왈리드의 아들이었습니다.


왈리드는 저와 만난 날에도 그 텔레비전 뉴스를 보던 소파에 앉아 있었습니다. 그의 아들은 이제 액자에 담긴 사진 속에서, M16 총을 둘러 멘 소년의 모습으로 그의 등 뒤 벽에 걸려 있습니다. 저는 그 사진에서 눈을 뗄 수 없었습니다.

왈리드의 아들에게는 점령에 맞서 싸우기로 결심한 결정적인 순간이 있었습니다. 암자드는 열세 살 때 불법으로 그린 라인<sup>green line</sup>(서안 지구와 이스라엘의 경계선)을 넘어 자파<sup>Jaffa</sup>에 간 적이 있습니다. 이스라엘 정부에 통행 허가를 여러 번 요청해봤지만 언제나 거부당했기 때문에 불법으로 담을 넘을 수밖에 없었죠. 암자드는 담을 넘은 그날 평생 처음으로 바다를 보았습니다. 그날 저녁 집에 돌아온 암자드는 왈리드에게 말했습니다. 그 누구에게도 허락을 구하지 않고 바다를 보러 갈 수 있도록 싸우겠다고요. 우리도 앞에서 이미 본 것처럼, 팔레스타인인들은 살고 있는 지역 밖으로 자유롭게 이동할 수 없습니다. 외부로 나가려면 이스라엘 당국에 허가를 요청해야 하죠.

그러니까, 왈리드의 말에 따르면, 암자드는 이스라엘 방송에서 말한 테러리스트가 아니라 '저항 순교자'입니다.

왈리드는 이런 말을 하며 저와 헤어졌습니다. "제닌의 젊은이들은 감옥살이를 하고 있어요. 직업도 없이 언젠가는 다치거나 살해당하거나 체포될 거라고 생각하며 삽니다. 그 부모도 부상을 당하거나 살해되거나 체포됐기에 부모 없이 자라죠. 이 아이들은 인생에서 먼저 공격할 것인지, 공격 당하기를 기다릴 것인지 선택해야 해요."

## 선택의 여지가 없었던 아부 무함마드 이야기

2023년 11월 제가 제닌에 있을 때, 난민 캠프 입구에는 '귀환 전 대기소'라고 적힌 표지판이 있었습니다.

이 문구는 난민 캠프가 지녀야 할 의미, 즉 사람들이 자기 고향으로 돌아갈 권리를 누리기 전에 임시로 거처하는 곳이라는 의미를 함축하고 있습니다. 그러나 1953년에 제닌에 온 팔레스타인 난민들은 그런 권리를 아직까지 인정받지 못했습니다. 이 사실에 대해서는 이 장의 끝부분에서 제닌 난민 캠프가 탄생하고 흘러온 역사를 설명하며 다시 살펴볼 것입니다.

2023년 11월 이후 몇 개월 동안 수차례 더 공습이 이루어지는 바람에, 입구에 적힌 그 문구는 파손되고 말았습니다.


저는 2024년 3월에 다시 한번 제닌에 갔습니다. 입구에는 한때 역사적 기억과 미래에 대한 기대가 모두 담겼던 표지판의 잔해만 남아 있었습니다.

제 머릿속에 '공격하든지, 공격을 당하든지'라는 왈리드의 말이 울려 퍼졌습니다. 묘지에서 본 젊디젊은 청년들의 얼굴도 떠올랐습니다. 그 사람들의 인생을, 밤이면 사망자 수를 헤아리고 낮에는 그 사망자들을 등에 업고 캠프 거리를 따라 옮기는 인생을 생각해봤습니다. 죽음에 이르는 이들의 연령이 점점 어려지고 있습니다. 난민 캠프에서 폐쇄적인 생활을 하면서 대의를 이루기 위해 죽는 것이 유일한 길이라고 여기는 아이들입니다.

그래서 그날 저녁, 끝없는 장례를 치른 뒤 한 청년과 이야기를 나눠보기로 했습니다. 아부 무함마드<sup>Abu Muhammad</sup>라는 청년입니다. 이제 스무 살이 되었고 제닌 캠프에서 자란 청년이죠. 아부 무함마드는 열여섯 살까지 원하는 것은 단 하나, 대학에 가는 것이었다고 말했습니다. 사회과학을 공부하고 캠프 어린이들을 돕고 싶었지요. 그러나 열여섯에 체포되어 2년 동안 이스라엘 교도소에서 **행정 구금**(225쪽 참조)을 당했고, 모든 것이 변했습니다.

"감옥에서 제 미래는 사라졌어요. 캠프에서 더 나은 삶을 얼마나 꿈꿨든, 이제는 중요치 않다고 생각하기 시작했어요. 저는 부당하게 체포되었거든요. 아무 짓도 하지 않았고, 그저 어린아이일 뿐이었어요. 감옥의 벽들이 제 꿈을 무너뜨렸어요. 저는 그 당시까지 그랬던 것처럼, 제 인생은 부당함으로 가득하리라고 확신하게 됐어요."

그는 출소 후에는 대학에 대해 더 이상 알고 싶지도 않았습니다. 집으로 돌아오고 몇 개월 후 이슬람 지하드에 합류했죠.

저는 왜 그 단체에 들어갔느냐고, 그 모든 좌절에도 불구하고 그보다는 더 나은 길을 택하는 게 옳지 않으냐고 물었습니다. 아부는 이렇게 대답했습니다. "점령 상태에서의 삶은 권리를 잃는 것이고, 그 상실한 권리 가운데는 미래를 선택할 권리도 포함되어 있어요. 저는 청소년기의 2년을 이유도 모르는 채 감옥에서 잃었어요. 어쩌면 알았는지도 모르겠네요. 제가 체포된 것은 여기서 태어났기 때문이에요. 그들은 테러리스트가 아니더라도 누구든 여기서 태어났다면 나중에 테러리스트가 될 수 있다고 보니까요.

저는 다른 선택의 여지가 없다고 느꼈어요."

아부 무함마드는 이렇게 자라났습니다. 평화 프로세스는 이루어지지 않았고, 정치 지도자들이 자신과 또래 친구들을 대변하지 못한다고 느꼈습니다. 그는 감옥의 어둠을 지나자 죽음이 두렵지 않다고 말했습니다. 그리고 이렇게 덧붙였어요. "이스라엘군이 저를 표적으로 삼았어요. 제 목숨 하나 지키자고 시도도 해보지 않고 포기할 수는 없죠. 어차피 죽을 거라면 맞서 싸우기로 한 거예요."

저는 의혹이 가득한 채 아부 무함마드와의 만남을 끝내고 나왔습니다. 무엇보다 아부 무함마드가 자신의 이야기를 들려주기로 결심한 것 자체가 놀라웠습니다. 인터뷰에 응하도록 설득하기가 쉽지 않았는데도, 함께 이야기를 나누며 거의 한 시간이나 보냈습니다. 때때로 그가 민병의 강인함을 내려놓을 때, 저는 그의 소년 시절 눈빛을 보았습니다. 슬픈 소년의 눈빛, 자신이 원했던 것과 정반대의 삶을 살아가는 소년의 눈빛이었습니다.

그와 함께할 때에도 다른 사람들의 인생 이야기를 기록할 때 제가 항상 지키려는 태도를 유지했습니다. 바로 상대방을 평가하지 않고 듣기만 하는 것이죠. 중요한 것은 그 이야기가 나온 맥락이지 평가가 아닙니다. 여러분에게 이런 말을 하고 싶었습니다. 여러분이 평가를 내리도록 하려고 암자드의 아버지 왈리드나 아부 무함마드의 말을 전하는 것이 아닙니다. 여러분이 질문해보도록 하려는 거예요.

그날 밤 저를 잠 못 들게 만든 질문은 이것입니다. "이 폭력의 악순환을 어떻게 끊을 수 있을까?"

다음 날, 제가 전하는 내용들을 좀 더 깊이 이해하고 싶을 때면 그러듯이 공부를 하기 시작했습니다. 유엔이나 팔레스타인 점령지에서 활동하는 비정부 기구들이 수집한 수치나 데이터, 증언들을 살펴봤죠. 제가 참고했던 여러 보고서 가운데 한 편이 특히 기억에 남습니다. 액션에이드ActionAid에서 발표한 〈우리 아이들이 양팔을 올리고 잔다〉라는 제목의 보고서로, 구호 활동가들이 제닌 캠프의 어머니들과 만난 내용을 다뤘습니다.

누르Noor는 가족과 함께 제닌 난민 캠프에서 사는데, 이런 말을 합니다. "지금도 두 손을 번쩍 들고 자는 아이들이 있어요. 최근 캠프 습격 사건 때 이스라엘군들이 집에 쳐들어와서 온 가족에게 손을 들고 항복하라고 했거든요. 그 이후로 아이들이 무의식적으로 두 손을 올리고 자게 된 거예요."

또 다른 사람은 27시간의 공습을 이렇게 설명했습니다. "악몽이었어요. 27시간 동안 잠도 못 자고 아이들을 지키고 돌봤어요. 폭발 소리가 들릴 때마다 아이들이 울었거든요. 일요일에는 군용기가 캠프를 덮쳐서 저격수들이 움직이는 것마다 총을 쐈고요."

# 산산조각 난 이브라힘의 꿈

아침 공부를 끝낸 뒤 저는 다시 제닌 캠프를 향해 걸었습니다. 일주일 전의 공습으로 전투원들이 무기와 탄약을 보관하는 창고로 사용하는 듯한 사원 한 곳이 부서졌습니다. 바로 거기에서 이브라힘을 만났습니다.

그는 무너진 천장의 잔해를 모으면서 선반 등 남은 것들을 쪼개 나뭇조각들을 차곡차곡 쌓았습니다. 능숙하게 멀쩡한 책들을 골라 쌓아 올리고요. 제가 공습 때의 일이 기억나는지 묻자, 이브라힘은 손짓으로 하늘에서 천장으로 미사일이 떨어지는 모습을 그려 보였습니다. 바닥에 주저앉아 작은 달걀처럼 몸을 잔뜩 웅크리면서 폭발하는 소리도 흉내 냈죠. 그러고는 자리에서 일어나 말했습니다. "저희는 익숙해요."

'무섭다'고 하지 않고 '익숙하다'라고 했습니다. 이브라힘의 삼촌 역시 행정 구금으로 감옥에 갇혀 있고, 사촌은 2023년 6월에 이스라엘 무장군에게 살해당했습니다. 어른이 되면 무엇이 되고 싶으냐고 묻자 그는 이렇게 대답했습니다. "싸우고 싶어요."

이브라힘은 초등학교 2학년, 고작 일곱 살입니다.

1948년, 나크바의 날로 기억되는 그날, 적어도 75만 명의 팔레스타인인이 살던 집을 버리고 떠나야 했습니다. 그 이주민들 중 일부는 서안 지구의 제닌 난민 캠프에 정착했습니다. 이 캠프는 제닌 시의 경계에 있고, 처음에는 임시로 운영되다가 1953년에 정식으로 자리 잡았습니다. 제닌 난민 캠프의 역사는 고난으로 가득합니다. 첫 번째 인티파다(1987~93년) 중에 이스라엘군은 무장한 팔레스타인인을 색출하겠다며 이곳을 수차례 공습했습니다. 이 캠프는 제2차 인티파다(2000~2005년) 때에도 가혹한 폭력을 당했습니다. 2002년 이스라엘군은 열흘간의 교전 끝에 캠프를 점령했습니다. 당시의 공격으로 주택이 400채 넘게 파괴되고, 그 밖에 수많은 건물이 심각한 손상을 입었습니다. 캠프 내에서마저 난민이 발생했죠. 제닌의 빈곤율과 실업률은 극히 높습니다. 캠프 주민들이 과거에 이스라엘 내에서 얻었던 직업을 계속 이어가는 것이 점점 더 어려워지고 있지요. 앰네스티 인터내셔널이 설명하듯, 그 이유는 "요르단강 서안 곳곳의 검문소 및 도로 봉쇄로 인한 심각한 이동 제한, 다른 점령지 지역을 방문하려는 팔레스타인인은 이스라엘군으로부터 이동 허가를 받아야 한다는 의무" 때문입니다. 제닌 캠프는 아직도 이스라엘군의 잦은 공습에 시달립니다.

유엔 팔레스타인 난민구호기구United Nations Relief and Works Agency for Palestine Refugees, 즉 UNRWA는 팔레스타인 난민 문제를 다루는 기관입니다. 이 기구는 이스라엘 건국 후 1949년 유엔 총회에서 난민이 된 팔레스타인 주민의 관리 문제에 즉각적으로 대응하기 위해 설립되었습니다.

## ✦ 활동 지역과 방법

UNRWA는 팔레스타인 점령지, 가자 지구, 서안 지구, 레바논, 시리아 등 다섯 지역에서 활동하고 있습니다. 직원과 보조 인력 등 약 3만 2000명으로 운영되며, 그중 1만 3000명이 가자 지구에서 일하고 있습니다. UNRWA의 활동에는 의료 지원, 교육, 시설 재건축 및 개선을 비롯해 난민 캠프 운영도 포함됩니다. 현재 700여 곳의 학교와 140개소의 보건소와 진료소, 58곳의 난민 캠프를 운영하고 있죠. 매년 최소 350만 명의 팔레스타인 난민이 의료 지원을, 150만 명 이상이 경제 및 식량 지원을 받습니다. 또한 50만 명 이상의 팔레스타인 어린이들이 이 기구에서 운영하는 학교에 다닙니다.

## ✦ 자금 조달과 조사

UNRWA는 주로 유엔 회원국의 자발적인 기부금으로 운영됩니다. 이러한 재정 지원이 없다면 팔레스타인 난민에게 앞서 언급한 서비스를 계속 제공할 수 없을 것입니다.

제가 이 글을 쓰고 있는 동안(2024년 여름) 이스라엘이 제기한 몇 가지 고발에 대한 조사가 진행되고 있습니다. 10월 7일 하마스의 테러 공격 이후, 이스라엘은 12명의 UNRWA 직원이 작전에 가담했을 것이라고 밝혔습니다. 이스라엘 정부는 UNRWA의 직원과 보조 인력 가운데 테러리스트, 즉 하마스나 이슬람 지하드 등의 단체와 다방면으로 연관된 사람들이 수백 명에 달한다고 비난했습니다. 2024년 4월 유엔의 한 독립 위원회가 발표한 보고서에 의하면, 해당 주장은 입증되지 않았으므로 이스라엘 당국은 이를 뒷받침할 증거를 더 제시해야 합니다. 한편 직원 12명(10명은 즉시 해고되었고, 2명은 사망했습니다)에 대해서는 아직까지 조사가 진행 중입니다. 이러한 비난이 나오자마자 16개 유엔 회원국이 일시적으로 UNRWA에 대한 자금 지원을 중단했습니다. 2024년 6월 초, 저는 UNRWA의 대변인 줄리엣 투마<sup>Juliette Touma</sup>에게 현 상황이 어떤지 알려달라고 요청했습니다. 6월 1일에는 영국·미국의 자금 지원은 아직 중단된 채였고, 이탈리아는 재정 지원을 재개할 것이라고 발표했습니다. 미국이 이 기관의 주요 자금 지원국 중 하나이니 상당히 곤란한 상황입니다.

# 5장

## 저항은 무엇보다

# 문화적이어야 한다

2023년 가을, 10월 7일 학살 몇 주 뒤 저는 동료 무한나드 카페시 Muhannad Qafeshi와 제닌에 갔습니다. "무스타파 셰타를 만나야 해. 제닌에서 가장 먼저 해야 할 일이지. **프리덤 극장**(180쪽 참조)에 가는 것 말야."

제닌에서 이 극장에 대한 이야기가 나오면 다들 창업자를 떠올리며 그의 이름 줄리아노를 언급합니다. "제3차 인티파다는 문화가 될 것이다. 우리는 건설 예술가가 아니라 이 사회의 건설자다." 이것이 그의 모토였습니다.

무한나드의 말이 맞았습니다. 우리가 가장 먼저 해야 할 일은 프리덤 극장에 가는 것이었습니다.

제닌 난민 캠프의 중심 도로에서 갈라진 길이 극장 바로 앞에 닿는데, 무한나드와 지나간 그 길에는 설립자들의 얼굴이 그려진 벽화가 가득했습니다. 유명한 팔레스타인 시인 마흐무드 다르위시의 얼굴도 있었죠. 극장 입구의 커다란 붉은색 간판은 금색 테두리에다 한가운데에는 광대가 그려져 있었습니다.

그날 아침 극장은 비어 있었습니다. 젊은 아티스트 무리가 뮤직비디오를 촬영해야 하는데 홀을 사용해도 되느냐고 물었고, 무스타파는 허가해주었습니다. 청년들이 도착했고, 부드러운 미소를 띤 스무 살 남자 가수가 제게 다가와 자신이 작곡한 곡으로 뮤직 비디오를 촬영하는데 들어보고 싶냐고 물었습니다. 제가 들어보겠다고 하자 휴대폰으로 반주를 틀어놓고 눈물까지 흘리며 노래를 불렀습니다. 그리고 마지막에 이렇게 말했습니다. "가자의 아이들을 위한 노래예요."

## 문화 투사

무스타파 셰타Mustafa Sheta는 극장의 운영 담당자입니다. 그는 제게 설립자들의 사진을 보여주며 이렇게 말했습니다. "줄리아노 씨가 늘 말하던 것처럼 우리 극장의 지향점은 개인을 규정하는 사회적 힘으로부터 독립하는 겁니다. 즉, 우리의 첫 번째 목표는 정신적 점령을 끝내는 거예요."

이 말은 제닌의 소년소녀들에게 새로운 서사를 들려주어야 한

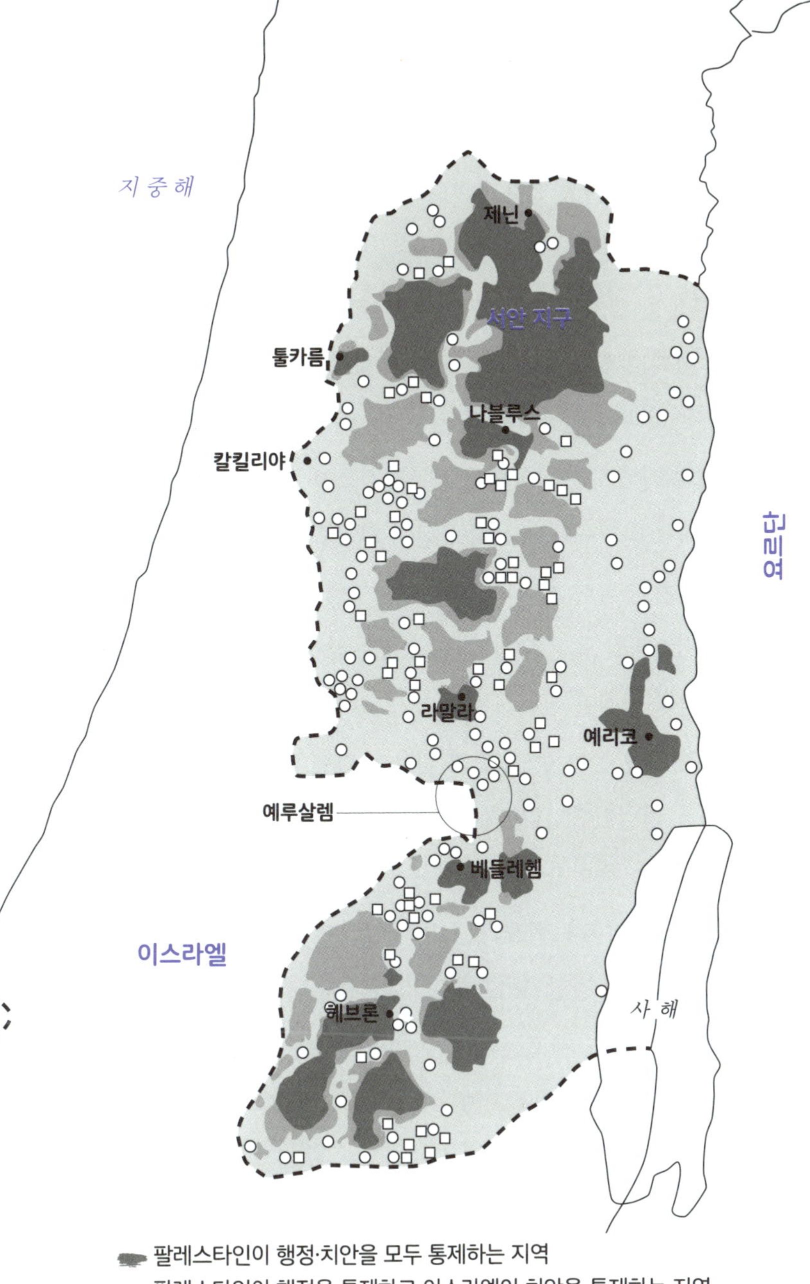

지중해
제닌
서안 지구
툴카름
나블루스
칼킬리야
요르단
라말라
예리코
예루살렘
베들레헴
이스라엘
헤브론
사 해
팔레스타인이 행정·치안을 모두 통제하는 지역
팔레스타인이 행정을 통제하고 이스라엘이 치안을 통제하는 지역
이스라엘이 행정·치안을 모두 통제하는 지역
그린 라인(1967)
이스라엘 정착촌
이스라엘 전초 기지

다는 의미입니다. 그들이 매일 주위에서 겪고 듣는 트라우마와 부정적인 고정관념으로부터 벗어나게 이끌어줄 서사 말입니다.

무스타파는 본인에 대해 설명하면서 '문화 투사'라고 소개했습니다. 자신을 그렇게 표현하는 것은 개인적으로 겪은 고통의 무게 때문이라고 말했습니다. 고등학교 교사였던 그의 아버지는 2002년 무스타파가 졸업하기 한 달 전에 이스라엘군에 살해당했습니다. 그의 아버지는 자식들이 공부하기를 바랐고, 그런 아버지의 소원은 무스타파에게 정신적 유산이 되었습니다.

무스타파는 수차례 체포되었습니다. '폭력 조장' 혐의로 두 군데 감옥에서 8개월 동안 수감되었죠. 그는 감옥 생활이 팔레스타인 수감자들의 현실을 이해하는 계기가 됐다고 말했습니다.

그의 이야기를 듣는 동안, 그가 감옥에 갔던 일을 귀한 경험으로 삼았음을 깨달았습니다. 감옥에서 보낸 날들은 교육자로서의 도구이자 폭력을 폭력으로 갚지 않고 스스로 벗어나려 했던 소년의 도구가 되었습니다. 현재와는 다른 미래에 대한 믿음으로 젊은이들에게 이렇게 말할 수 있게 된 것입니다. "저는 여러분이 어떤 기분인지 알아요. 체포된다는 것이 무엇인지도 알고요. 저는 그 경험을 통해 분노만 쌓는 것이 아니라 더 강해질 수 있다는 것도 알게 됐습니다."

회의 날 아침, 저는 무스타파와 함께 그의 사무실에서 대기했습니다. 단출한 책상과 의자 두개, 예전 공연을 담은 사진들로 가득한 사무실이었습니다. 무스타파는 프랑스·영국·미국 등 해외 감독들과 화상 회의를 진행했습니다. 전쟁의 소음 속에서 그 감독들의 미소와 열정이 희망의 거품처럼 보였습니다. 그 화상 회의를 통해 프리덤 극장의 의미를 새삼 확인했죠.

오전 일정이 끝나고, 무스타파가 어디에서 이야기를 나누고 싶냐고 물었습니다. 저는 극장 홀이 좋겠다고 답했습니다. 잠시 후 우리는 객석에 자리를 잡았습니다. 우리 앞의 무대도, 객석도 비어 있었습니다.

"저항은 무엇보다 문화적이어야 합니다." 이 말을 시작으로 그는 서안 지구에서 팔레스타인 사람들에게 커다란 상징이자 가난과 실업과 극단주의를 맞닥뜨렸을 때 이들을 보호해주는 닻과 같은 존재인 프리덤 극장에 대한 이야기를 풀어놓았습니다.

창립자들의 교훈을 이어가려는 사람들이 앞으로 나아가기가 너무 어려운 시절이라는 생각이 들었습니다. 실제로 그렇죠. 10월 7일부터 서안 지구는 제2의 전선이 되었습니다. 그러한 현실은 정착민들이 팔레스타인인들을 공격한 횟수를 헤아려보거나, 여러 난민 캠프에서 실행한 이스라엘군의 군사 작전을 다룬 뉴스를 살펴보면 금방 알 수 있습니다.

텅 빈 극장에 앉은 무스타파 세타는 휴대폰으로 전송되는 가자 지구 사진들을 보고 있었습니다. 그는 제게 이렇게 말했습니다. "이 아이들 모두 제 자식일 수 있었어요. 내일 제 딸에게 이런 일이 일어날 수 있다는 걸 아는데, 지켜줄 방법을 모르겠어요. 제가 못났다는 생각이 듭니다."

저는 연극이 어떤 의미인지, 어떤 역할을 하고 있는지를 어린 아이에게 설명하듯 쉽게 설명해달라고 부탁했습니다.

"젊은이들에게 기술자나 의사, 구호 활동가, 배우 등 원하는 직업을 가질 수 있다고 말해봅시다. 그들이 반드시 전투병이 될 운명은 아니라고 생각해봅시다. 우리 청소년들은 최선을 다하지만, 이 공간을 나서면 수십 년 동안 이어져온 점령의 폭력에 맞서야 하죠. 우리 아이들은 그 폭력 속에서 자랐고, 폭력의 강도는 점점 더 세지고 있어요. 제닌의 청소년들은 폭력이 목표를 달성하는 유일한 수단이라고 믿으며 자라지만, 그 목표를 실현하는 일은 일어나지 않아요. 이 아이들은 '부족하게' 태어나기 때문이에요. 태어날 때부터 극단주의자인 사람은 아무도 없어요. 극단주의자가 되는 이유는 주위에 살해된 친구들이 있고, 군인들이 집에 쳐들어와 잠에서 깨면 부모님이 끌려가고, 아무 이유 없이 친구들이 수십 명이나 행정 구금을 당하기 때문이에요. 어린 청년들이 이런 학대에 어떻게 반응하기를 바라시나요?"

무스타파는 아이들의 두려움을 다스린다는 게 무엇인지 압니다. 그 또한 제닌에서 이제 여섯 살인 딸 알라Alaa를 키우고 있기 때문이죠. 그는 아이들의 트라우마가 어떤 것인지 전하기 위해 10월 7일이 되기 몇 주 전의 이야기를 들려주었습니다.

2023년 9월 19일 알라는 몇 달간의 희생 끝에 비로소 막을 올리는 공연을 보기 위해 어머니와 함께 극장에 앉아 있었습니다. 이 공연 때문에 팔레스타인 전역의 배우와 활동가들이 오고, 북유럽 배우들과 미국인 연출가도 왔습니다.

그날 저녁, 공연이 진행되는 동안 이스라엘이 제닌 난민 캠프를 공격했고, 극장 역시 공격을 받아 지붕과 건물 옆 안뜰이 파손됐습니다. 알라는 무스타파를 꼭 안으며 물었습니다. "왜 이런 일이 일어나는 거죠, 아빠? 왜 우리에게 이런 일이 생기는 거예요?"

무스타파는 딸을 안심시키려고 이렇게 말했습니다. "다 잘될 거야." 그러나 딸을 위로하는 동안, 그날 저녁의 기억이 이미 어린 알라에게 상처가 되고 있음을 알았습니다. 점령에 대한 두려움과 부당함 속에 사는 팔레스타인 소녀이기에 안고 사는 상처였죠.

무스타파는 연구실을 정리하고 부서진 벽에 다시 그림을 그리면서 쓸쓸한 미소를 지어 보였습니다. "미래를 내다볼 수가 없어요. 전쟁과 폭력에는 폭력으로 맞서야 한다고 생각하며 자라는 세대만 보여요." 무스타파는 무력감과 두려움을 느꼈습니다.

## 모조리 파괴되다

방문 이후 몇 주 동안 무스타파와 종종 연락을 취했습니다. 제닌 캠프 습격 소식이 들릴 때마다 그에게 문자를 보냈죠. 습격 뉴스가 잦았고, 특히 11월에 기승을 부렸습니다. 11월 9일 목요일, 무스타파와 극장 직원들은 건물 안에 있었습니다. 자정부터 난폭한 공습이 시작되어 다음 날 새벽까지 이어졌고, 이스라엘 측에서 드론까지 동원한 격렬한 교전도 벌어졌습니다.

그에게 문자를 보낼 때마다 핸드폰을 충전할 전기가 있기를 바라면서 어떻게 지내는지, 가족들은 안전한지, 극장도 피해를 입었는지 물었습니다. 무스타파는 평소와 같이 친절하게 답장을 보냈고, 그 친절함은 그의 '문화 투사' 정신의 일부였습니다. 엄청난 끈기와 단호함과 더불어 자상한 행동과 끝없는 인내심으로 제닌 캠프의 삶이 실제로 어떠한지를 바깥 세상에 알리고자 하는 의지를 알 수 있었습니다.

그리고 12월이 됐습니다. 2023년 12월 12일에서 13일로 넘어가는 밤, 제닌 캠프가 이스라엘군의 난폭한 공습을 받았습니다. 당시 군사 작전은 사흘간 이어졌고, 팔레스타인인 수십 명이 체포되었습니다. 프리덤 극장 예술감독 아메드 토바시Ahmed Tobasi와 무스타파도 체포되었죠. 토바시는 다음 날 풀려났지만, 무스타파는 제가 이 글을 쓰고 있는 지금(2024년 여름)까지 감옥에 있습니다.

공습 중에 극장 건물이 손상되고, 기물 도난 및 파손 피해도 입었습니다. 이스라엘 군인들이 창립자들의 얼굴을 그린 벽화를 훼손하고, 건물 외벽과 내부 상영실에 다윗의 별(이스라엘의 상징 중 하나)을 그려놓았습니다.

"모조리 파괴됐어요. 이건 극장이에요. 군사 기지가 아니라고요. 테러리스트들의 집도 아니고요. 무기도 없어요. 책과 사진, 카메라, 음악, 악기 같은 것들만 있어요. 그런데 다 파괴됐어요."

아메드 토바시는 습격 후 극장의 상황을 이렇게 설명했습니다.

토바시가 감옥에 끌려간 것은 처음이 아니었습니다. 2002년 제닌 봉쇄 후 이스라엘 감옥 몇 곳에서 이미 4년을 복역했습니다. 자서전에서 그는 제닌 캠프 생활을 이렇게 전합니다.

나는 배우이자 감독이자 교육자이고, 팔레스타인 극장과 해외 극장에서 일한 경력을 지녔다. 팔레스타인의 제닌 난민 캠프에서 태어나 2002년 캠프에 침공이 벌어졌을 때 저항군에 합류했고, 17세에 정치범이 되었다.

4년 뒤 석방되고 나서 문화로써 저항하는 예술의 길을 걸었다. 프리덤 극장에서 2년간 공부한 다음, 노르웨이에서 조금 더 공부하고 외국에 나가 3년간 실무 경력을 쌓았다. 2014년 팔레스타인으로 돌아와 지역 예술 운동에 힘쓰고 있고, 특히 젊은 세대들과 함께 그들을 위한 예술을 창작하는 데 주력하고 있다.

내 인생을 바탕으로 하여 하산 압둘라자크Hassan Abdulrazzak가 극본을 쓴 작품 〈그리고 나는 여기에And Here I Am〉는 팔레스타인 전역 20곳 이상의 공연장에서 순회공연을 했고, 영국·짐바브웨·이집트·아랍에미리트·노르웨이 등에서도 공연되었다.


아메드 토바시는 제닌 난민 캠프에서 나고 자라 유년기까지 극장에 드나들었습니다. 극장 이름이 스톤(181쪽 참조)이던 때 초창기 작업반에 속해 있었죠. 그리고 세월이 흐르면서, 이 예술 활동에 참여하는 것은 새로운 세대의 아이들에게 대안을 보여주려는 그의 사명이 되었습니다.

2023년 11월, 토바시는 극단과 프랑스에서 순회 공연을 마치고 돌아왔습니다. 10월 7일 이후 몇 주 동안 그의 형제와 친척들이 이스라엘의 공습으로 파괴된 캠프의 사진을 보내왔습니다. 그래서 예정보다 일찍 귀국한 것이었죠.

12월 12일 밤, 이스라엘 군인들이 그의 집 문을 부수고 들어와 토바시와 그의 형에게 수갑을 채우고 눈을 가려 체포해 갔습니다. 토바시는 그 당시 왜 체포하는 것인지 군인들이 전혀 설명하지 않았다고 했습니다. 토바시 형제가 수배 중이라거나 어떤 범죄에 대한 혐의가 있다는 등의 설명이 전혀 없었어요. 아무런 정당한 사유 없이 끌고 간 거였죠.

석방된 후 토바시는 무스타파의 소식을 찾아보았습니다. 몇 주가 걸려서야 무스타파도 자신처럼 체포됐다는 사실을 알았습니다. 눈을 가리고 수갑을 채워 진흙 바닥에 몇 시간이나 꿇어앉혀 놓았다가 감옥으로 데려갔고, 행정 구금에 처했습니다.


2024년 1월, 제가 제닌에 돌아왔을 때 프리덤 극장은 알아보기조차 힘들었습니다.

어느 비 오는 날, 한 남자아이가 최근 군사 작전의 흔적이 남은 대로를 따라 걷고 있었습니다. 벽이 부서진 곳을 지날 때마다 저를 보면서 "군인들이"라고 말했습니다. 저는 아이에게 무서웠느냐고 물었습니다.

아이는 미소를 지어 보였습니다. 그리고 거의 본능적으로 "아뇨"라고 답했죠. 이런 상황이 정상이라고 생각하며 자란 아이 같았습니다. 그런데 몇 걸음 더 가서는 돌아서서, 마치 폭음 때문에 귀를 막으려는 것처럼 두 손을 귀에 갖다댔습니다. 이렇게 말하는 것 같았어요. "무서워요. 저는 아직 어린아이고, 무서워요."

프리덤 극장은 2006년에 줄리아노 메르카미스Juliano Mer Khamis와 조나탄 스탄착Jonatan Stanczak, 자카리아 주베이디Zakaria Zubeidi가 세웠습니다. 창립자들보다 중요한 것은 제닌에 극장을 짓겠다는 아이디어와 계획이 아주 오래전에 시작되었다는 사실입니다. 1987년, 제1차 인티파다 시기에 이스라엘 활동가이자 줄리아노 메르카미스의 어머니인 아르나 메르카미스Arna Mer-Khamis가 프리덤 극장의 원형이라 할 수 있는 단체를 창설했습니다.

1929년 팔레스타인 점령지 내 이스라엘 정착촌 로시핀나Rosh Pinna에서 태어난 아르나 메르카미스는 1948년에 발발한 아랍-이스라엘 전쟁 때 이스라엘의 팔마크Palmach 여단에서 복무했습니다. 그러나 시간이 흐르면서 세상을 보는 눈이 크게 달라졌고, 1950년대에 팔레스타인 기독교인 살리바 카미스Saliba Khamis와 결혼했습니다.

아르나 메르카미스는 팔레스타인 영토 점령에 거세게 반대했습니다. 1980년대에는 돌봄 및 학습 프로젝트Care and Learning Project라는 제닌 어린이들을 위한 방과후 프로그램을 만들고, 이를 통해 어린이들이 트라우마를 이겨내고 붕괴된 교육 시스템의 결함을 극복하도록 도울 창의적인 활동을 마련했습니다.

이 프로젝트로 아르나 메르카미스는 '바른 삶 상Right Livelihood Award'을 수상했고, 이 수상 경력의 힘으로 아들과 함께 스톤 극장(Stone Theatre, 인티파다 중 날아온 돌과 같다는 의미를 담고 있음)을 설립할 수 있었습니다. 아르나 메르카미스는 극장을 세워 폭력으로 얻은 상처를 회복하는 공간을 마련하는 동시에 연기와 예술을 통해 여성들이 자신을 표출할 가능성을 열고 싶었습니다.

1995년 아르나 메르카미스가 사망하자 극장은 쇠퇴하기 시작했습니다. 아들 줄리아노가 감독한 아르나 메르카미스의 인생을 다룬 유명한 다큐멘터리 〈아르나의 아이들Arna's Children〉은 스톤 극장에서 활동했던 수많은 학생들이 무장 전투에서 어떻게 죽어갔는지 증언합니다.

2002년 제닌 전투 중 첫 번째 극장 건물이 이스라엘군에 의해 완전히 파괴되었습니다. 그로부터 몇 년 지나지 않은 2006년, 제2차 인티파다 후 줄리아노 메르카미스는 아동 교육자이자 간호사인 조나탄 스탄착과 전 알아크사 순교여단 지휘관이자 배우였던 자카리아 주베이디와 힘을 합해 극장을 재건했습니다. 이름하여 프리덤 극장입니다.

그러나 이들의 활동을 모든 사람들이 반긴 것은 아닙니다.

2009년 신원 미상의 누군가가 화염병 두 개를 극장에 던진 적도 있었죠. 다행히 극장은 비어 있었습니다. 줄리아노 메르카미스는 2011년 피살되었습니다. 어느 팔레스타인인에게 살해된 것으로 추정되지만 현재까지 당시 사건의 진상은 불분명합니다. 사망 시 그의 나이는 52세였습니다. 줄리아노 살해 사건에 이어, IDF는 1년 동안 보안 작전이라는 명목으로 극장 직원들과 학생들을 체포했습니다. 이런 상황에도 불구하고 프리덤 극장은 꿋꿋하게 활동을 이어갔습니다.

오랜 세월 동안 프리덤 극장은 평등·정의·자유 수호의 의지를 품고, 예술을 통해 제닌 주민들의 힘겨운 삶을 알리고자 하는 예술가 단체들을 수용하고 성장시켜왔습니다. 이 예술 단체는 자체 제작한 작품으로 전 세계를 돌며 공연하면서, 대중이 제닌 캠프와 같은 난민 캠프의 일상을 경험하도록 해주었습니다.

"우리의 임무는 결코 쉽지 않았다. 장밋빛으로 물든 것이 아니라
총알과 군인, 근심 가득한 어머니, 겁에 질린 아이들로 가득했다.
이 아이들의 상처는 아직 아물지 않았다."

**_아르나 메르카미스**

# 6장

점령당한

# 사람들

"같은 땅에서 공존한다는 것이 팔레스타인인과 이스라엘인에게 어떤 의미인지 알려주는 도시가 있다면, 헤브론일 겁니다." 헤브론에 사는 무한나드는 제게 항상 그렇게 말했습니다.

그의 말은 전적으로 옳아요. 이 도시가 언제 어떻게 분리되었는지 설명해야 2023년 10월 7일 하마스의 테러 공격 후 벌어지고 있는 상황을 여러분이 더 잘 이해할 수 있을 듯하군요.

## 헤브론과 최근의 주요 사건

팔레스타인의 도시인 헤브론(아랍어로는 알칼릴al-Khalil)은 예루살렘에서 남쪽으로 30킬로미터 거리에 있고, 서안 지구에서 두 번째로 큰 지역입니다. 헤브론에는 유대교와 기독교, 이슬람교에서 모두 성지로 여기는 세 족장 부부의 무덤이 있습니다. 성서에 의하면 동굴에 아브라함, 이삭, 야곱 등 세 족장이 그들의 아내 사라, 리브가, 레아와 함께 매장되었습니다. 무슬림들에게는 아브라함의 성소입니다. 이 족장들의 무덤은 아마 세계에서 가장 오래된 기도 장소일 것입니다.

1948년 아랍-이스라엘 전쟁으로 헤브론을 포함한 서안 지구 전체가 점령되어 요르단에 합병되었습니다. 1967년 6일 전쟁 중 헤브론은 이스라엘에 군사적으로 점령되었고, 그 전투 끝에 공식적으로 헤브론의 통치권을 획득했습니다. 이스라엘 정부는 새로 점령한 영토를 어떻게 관리해야 할지 몰랐습니다.

1967년 7월 BBC와의 인터뷰에서 전 이스라엘 총리 다비드 벤구리온은 이렇게 밝혔습니다. "평화를 이루기 위해 이스라엘은 정복한 영토에서 아무것도 취하면 안 되겠지만, 예루살렘보다 더 유대적인 도시인 헤브론은 예외입니다."

랜돌프 처칠Randolph Churchill의 저서에 따르면 벤구리온은 "예루살렘은 3000년 전 다윗 왕 치하에 있을 때 유대국이 되었지만 헤브론이 유대국이 된 것은 아브라함 시절이다"라고 주장했습니다.

1968년, 랍비 모세 레빈저Moshe Levinger가 이끄는 유대인 정착민 단체가 헤브론의 유명 호텔을 빌리고는 퇴거를 거부했습니다. 이 버티기는 오래가지 못했고, 정부와의 협상이 타결되어 동쪽

근처에 버려진 군사 캠프로 유대인 거주지를 옮겼습니다. 그리하여 키리아트 아르바Kiryat Arba 정착촌이 새로 설립됐습니다.

1979년부터 일부 유대인 정착민이 키리아트 아르바를 떠나 아브라함 아비누Abraham Avinu 예배당 근처에 위치한 구 유대인 지구에 헤브론 유대인 공동체 위원회를 설립했습니다. 이어 다른 정착민들도 헤브론의 다른 지구로 이주했고요. 이러한 이주는 금세 이스라엘 정부의 승인을 얻었고, 군부대의 지원을 받아 헤브론에 추가로 세 곳의 유대인 거주 구역이 설치됐습니다.

## H1과 H2

1993년과 1995년의 오슬로 협정에 이어 1997년 헤브론 협정이 체결된 후, 팔레스타인 도시들은 팔레스타인 자치정부가 단독으로 관리하게 되었습니다. 헤브론만은 거기서 제외되어 두 구역으로 나뉘었습니다. 첫 번째 구역(H1)은 팔레스타인 자치정부PNA가 통제합니다. 두 번째 구역(H2)은 PNA가 팔레스타인 거주민의 행정만 관리하고, 그 밖에 시민들의 이동을 포함한 모든 통제는 이스라엘군이 맡습니다.

H1이 더 규모가 크고, 최근 몇 년 동안 인구도 많이 증가하는 양상을 보였습니다. 반면 H2 지역에서는 인구가 감소했습니다.

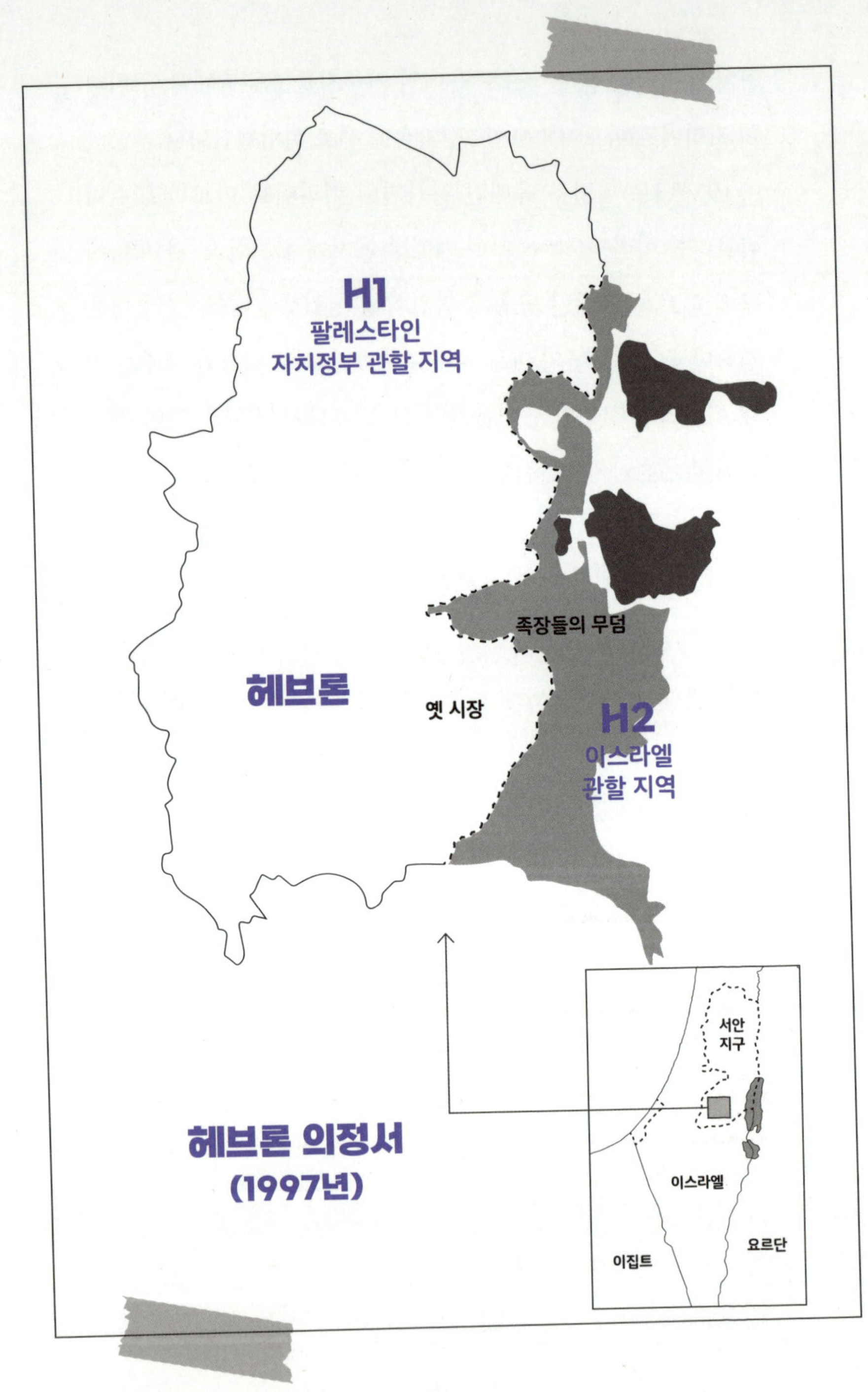

H1
팔레스타인
자치정부 관할 지역
헤브론
족장들의 무덤
옛 시장
H2
이스라엘
관할 지역
서안
지구
이스라엘
이집트
요르단
헤브론 의정서
(1997년)

점점 늘어나는 정착민들의 폭력과 이스라엘 방위군IDF의 압박 때문에 팔레스타인 사람들의 생활이 점점 더 어려워지기 때문입니다. 이스라엘 방위군은 주민들의 이동을 제한하고, 군 명령으로 상업 활동 중단 및 통행금지 등의 조치를 취했습니다. H2 지역에는 헤브론 시의 역사적 중심지와 사람들이 가장 많이 찾는 광장, 야채와 향신료를 비롯해 여러 제품을 도매로 판매하는 시장도 있습니다. 시장에는 점점 빈 가판대가 늘어납니다. 그 시장이 H1과 H2 지역의 경계에 가로막힌다는 점을 생각해보세요.

헤브론에 거주하는 사람들이 얼마나 되는지 잠깐 살펴보겠습니다. H1에는 약 12만 명의 팔레스타인인이 살고, H2에는 약 3만 명의 팔레스타인인이 700~800명 정도의 이스라엘 정착민과 함께 삽니다. IDF 군인들은 팔레스타인의 호의 없이는 H1 지역에 들어갈 수 없고, 팔레스타인인은 IDF에서 발부한 특별 허가 없이는 정착민들이 사는 지역에 접근할 수 없습니다.

유대인 정착촌은 국제사회에서 거의 불법으로 간주되고, 이스라엘 정부는 이러한 상황을 부정하고 있습니다. 지난 50년 동안 서안 지구에서는 정착촌이 점점 더 커졌고, 최근에는 그 성장 속도가 더 빠릅니다.


헤브론은 폭력이 일상의 일부인 도시입니다. 수년간 이스라엘과 팔레스타인 양측이 일으킨 충돌이 거듭거듭, 빈번하게 발생했죠. 그 모든 사건을 일일이 언급할 수는 없지만, 몇 가지는 기억해 두어야 합니다.

1994년 2월의 '족장 무덤 학살 사건'이 대표적 사례입니다. 이 사건을 벌인 사람은 키리아트 아르바 정착촌에 살던 이스라엘인 의사 바루치 골드스테인Baruch Goldstein인데, 그는 이브라힘 사원에서 기도하던 무슬림들에게 총격을 가해 29명을 살해하고 125명에게 상해를 입혔습니다. 일부 생존자들 덕분에 학살을 저지할 수 있었죠.

그 밖에 1차와 2차 인티파다 사이에는 팔레스타인 무장군이 이스라엘 공동체를 공격하는 일이 발생했습니다. 칼부림, 총기 난사, 언덕 지대 정착민 거주지 직접 타격 등의 사건이 벌어졌죠.

2002년 11월에는 이스라엘 군인 12명이 팔레스타인 무장 세력의 잠복 공격으로 사망했습니다.

## 야히아 이다이스와 존엄성

2023년 10월 7일 이후 제가 처음으로 헤브론에 도착한 날은 무한나드에게 중요한 날이었습니다. 서른 살인 무한나드는 그 전날에야 운전면허를 땄고, 면허증을 찾으러 어느 사무소인가로 가야 했습니다. 저는 그를 따라 나서서는, 10분만 기다리면 된다던 시간이 한 시간이 넘어가는 동안 주위를 둘러봤습니다.

저는 정착민과 팔레스타인 사람들이 함께 사는 유일한 도시의 주민들은 요즘 어떻게 지내는지 생각해봤습니다. 지금까지 공부한 숫자와 통계를 어떻게 이야기로 풀어내야 할지도 생각해봤습니다. 제가 보고 싶은 것들, 물어보고 싶은 것들도 생각했습니다. 그런 것들을 어떻게 할지 생각했죠. 저도 첫 만남이 예민하다는 것은 압니다. 우리는 53세의 남성으로 두 자녀의 아버지인 야히아Yahya와 만나기로 했습니다. 그의 한 아이가 많이 아파서, 무한나드를 기다리는 동안 저는 실례가 되지 않게 질문하려고 집중력과 감수성을 끌어모으고 있었습니다.

우리는 알슈하다al-Shuhada 거리로 향했습니다. 야히아는 그 거리의 낮은 담벼락에 앉아 우리를 기다리고 있었습니다. 그의 등 뒤로 유일하게 장사를 하는 술집에 걸린 오래된 아라파트의 초상화가 보였고, 잠시 후 통금 시간이 되어 불이 꺼질 거리는 혼란과 소음으로 가득했습니다.

인터뷰를 시작할 준비를 마치고 카메라를 켜려고 하자 야히아가 불편해하는 것 같았습니다. 그는 이스라엘 군인들이 우리를 보면 벌어질 일이 걱정스러워 인터뷰 녹화를 주저했습니다. 저는 벽 뒤로 자리를 옮기자고 제안했습니다. 잠시 후 우리는 바닥에 앉아 2023년 10월 7일 이전의 헤브론은 어땠는지, 그 후에는 어떻게 됐는지 이야기했습니다. 무엇보다 중요한 것은 야히아에 대한 이야기였죠.

야히아 이다이스Yahya Idais는 두 아들을 두었고, 헤브론에서 빵과 디저트를 파는 가게를 운영하며, '존엄'에 관해 뚜렷한 개념을 갖춘 사람입니다. 야히아에게 존엄성은 검문소에서 이스라엘 군인이나 정착민에게 봉변을 당하지 않고 집까지 가는 것입니다.

2022년의 어느 날, 야히아는 집 앞에 앉아 있었습니다. 한 정착민이 차를 타고 바로 그 앞을 지나다가 창문을 내리고 야히아에게 침을 뱉고는 그대로 차를 몰고 갔습니다. 그런데 잠시 후 후진하더니 다시 창문을 내렸고, 이번에는 야히아에게 병을 던졌습니다. 야히아는 헤브론에서의 삶을 설명하면서, 도시의 일부가 철조망으로 둘러싸인 것, 검문소, 몇 년 동안 사람들의 일거수일투족을 통제하는 군인들에게도 익숙해졌지만 학대에는 절대로 적응이 안 될 것 같다고 했습니다.

10월 7일 학살 이후에는 팔레스타인인과 그들의 재산에 대한 공격이 훨씬 더 심각해졌습니다. 사망자와 자의적으로 체포되는 사람들의 수도 늘었다고 했습니다. 헤브론에서는 폭력만 늘어나는 것이 아닙니다. 학살 이후 곧바로 이스라엘군이 검문소를 폐쇄해 팔레스타인 주민 7000명의 이동을 차단하는 바람에 의료와 교육 등 필수적인 서비스를 받지 못하게 되었습니다.

헤브론의 팔레스타인 주민들이 일상생활을 억압당한 역사는 무척 길고, 불행히도 그 역사는 비극적으로 반복되었죠.

앞서 말한 것처럼 1994년 골드슈타인이 이브라힘 사원을 공격한 후 유혈 사태와 통행금지령이 이어졌고, 이스라엘인들이 팔레스타인 주민들을 상대로 적대 행위를 하고 이동을 제한했습니다. 도시가 분할되던 시기는 그런 분위기였습니다.

이후 제2차 인티파다 중이던 2000년부터 2003년까지 3년 동안 팔레스타인 전투원들이 군인 17명과 헤브론 정착민 5명을 살해했고, 이스라엘 인권 단체 베첼렘B'Tselem의 추산에 의하면 헤브론에 거주하는 팔레스타인인인들은 377일 넘게 통행금지 상태로 살았으며, 그중 182일은 전면 통행금지로 하루 24시간 집 안에 머물러야 했습니다.

야히아는 10월 7일 이후 어떻게 상황이 바뀌었는지 설명했습니다. H2 지역에 거주하는 팔레스타인 주민들은 오전 7시 30분부터 8시까지 외출을 나갈 수 있고, 오후 6시에서 7시 사이에 검문소가 다시 문을 열 때까지는 돌아올 수 없습니다. 그것도 이틀에 한 번씩만 가능하죠. 외출이 되지 않는 날은 집에 갇혀 있어야 합니다. H2 지역에 사는 거주민은 H1으로 이동할 수 없고, 팔레스타인인은 공습이 있던 당일까지도 오갈 수 있던 길들을 걸을 수 없게 되었습니다.

야히아는 그런 식으로 사는 것은 불가능하다고 말했습니다. 어른들은 일을 할 수 없고 아이들은 학교에 갈 수 없이 수천 명의 팔레스타인 사람들의 삶이 순식간에 장벽에 갇히고 말았습니다. 야히아를 포함한 수많은 사람들이 일을 하러 가려면 불법으로 바리케이드를 넘어야 하거나, 하루 종일 집에서 공습이나 보복을 두려워하며 창문을 굳게 닫고 갇혀 있어야 합니다. 야히아는 23년 동안 고생하며 살았는데, 이제 한계에 이르렀다고 말했습니다.

야히아의 아들 중 함디Hamdi는 열다섯 살입니다. 함디는 신체 근육이 반응을 하지 않는 '근이영양증'이라는 병을 앓고 있어요. 그래서 항상 누군가 옆에 붙어서 먹고, 마시고, 화장실에 가는 등 기본적인 활동을 도와줘야 합니다.

야히아가 저를 만나기 몇 년 전 어느 날 일입니다. 그가 함디와 함께 자신의 가게에 있을 때 정착민 무리가 돌을 던져 출입문을 부쉈습니다. 야히아는 아이를 구할 겨를이 없었고, 함디는 다치고 말았습니다.

10월 7일 이전에 함디는 휠체어에 앉아 집에서 어머니와 함께 있거나 아버지와 가게에서 지냈습니다. 10월 7일 이후로는 함디도 집에서 숨어 지냈죠.

통행금지령이 발표되고 얼마 지나지 않았을 때 함디가 넘어진 일이 있습니다. 야히아는 쓰러진 함디를 바닥에서 일으켜야 하니 집에 와달라는 아내의 전화를 받았죠. 야히아는 가게에서 나와 검문소까지 달려갔고, 이스라엘 군인들에게 통행 허용 시간은 아니지만 보내달라고 간청했습니다.

소용 없었습니다. 이스라엘 군인들은 "돌아가시오"라고 대답했고, 야히아는 가게로 돌아갔습니다. 세 시간 반을 기다려 50여 명의 다른 사람들과 줄을 섰다가 CCTV와 무장한 군인들의 감시를 받으며 복귀 검문을 통과한 뒤, 도시에서 유일하게 개방된 교차로인 타마르Tamar의 반대쪽에 도착했고, 그제야 집에 갈 수 있었습니다. 그의 아내는 울고 있었고, 아들은 아직도 바닥에 있었죠. 야히아는 이렇게 말했습니다. "정착민들은 자유롭게 돌아다니는데 우리는 통행을 금지당했요. 우리는 우리가 잘못해도 벌을 받고, 그 사람들이 잘못해도 벌을 받아요."

야히아 이다이스는 온화한 사람입니다. 그가 설명하는 동안 저는 가게에서 그가 어린아이들에게 사탕과 과자를 나누어주는 모습을 상상했습니다. 헤어지기 전, 야히아는 10월 7일 이후로 아들이 휠체어에서 떨어졌는데도 곧바로 집으로 돌아갈 수 없었던 때가 가장 두려웠다고 말했습니다. 그날 야히아가 1분이라도 늦어 통금으로 길이 차단됐다면, 이틀을 더 기다려야 집에 돌아갈 수 있었을 테니까요.

그는 그런 일들 때문에 분노에 굴복하는 사람들을 이해한다고 했습니다. 그런 말을 하는 그의 표정에는 자신이 어떤 평가를 받을지 걱정스러워 하는 소심한 체념이 담겨 있었습니다. 하지만 저는 그를 평가하고 싶지 않습니다. 제가 이런 상황에서 절대로 하지 않으려 하는 것이 바로 누군가를 평가하는 일이죠. 그저 그의 이야기를 들으면서 지난날에 대해 좀 더 잘 알고, 현재의 상황을 파악하고, 앞으로 어떻게 진행될지 상상해보고 싶을 뿐입니다.

그리고 '분노에 굴복하는 사람들을 이해한다'는 말이 제게는 진심이 담긴 만큼 걱정도 섞인 것처럼 들렸습니다. 야히아는 선동을 하려는 의도는 없는 것 같았고, 말로나 표정으로 제게 누군가의 편을 들어달라고 하지도 않았습니다. 다만 아버지의 입장에서, 또 자기 아들들의 입장에서 생각해달라고 했습니다. "우리 아이들은 언제라도 우리에게 총을 쏠 준비가 된 정착민들과 살고 있어요. 아버지들은 달려가 바닥에 쓰러진 자식들을 일으켜 세워줄 수도 없이, 검문소 철책 뒤에서 정착민들이 뱉는 침이나 맞아야 하죠. 이 세상 그 어떤 아버지도 제 자식 앞에서 모욕당한다는 게 어떤 건지 알고 싶지 않을 거예요."

현재 서안 지구의 상황이 왜 이렇게까지 심각한지 이해하려면, 이스라엘의 정치 상황과 2022년 말에 출범한 정부의 구성 및 그 여파 등 최근의 흐름을 정리해보아야 할 것 같네요. 그러려면 바로 위에서 이야기한 헤브론 근처의 정착촌부터 다시 살펴봐야 합니다. 그 유명한 곳, 키리아트 아르바부터 말이죠.

## 정부 정착민

헤브론에서 가장 높은 지점 중 한 곳에서 내려다보면 키리아트 아르바 정착촌이 보입니다. 그곳에 최근 베냐민 네타냐후 정부의 국가안보부 장관, 즉 핵심 극우 인사인 이타마르 벤그비르가 살고 있습니다. 앞에서 언급한 것처럼 이 사람도 정착민입니다.

키리아트 아르바 정착촌에는 메이르 카하네 Meir Kahane 의 이름을 딴 공원이 있습니다. 메이르 카하네는 점령지에 있는 모든 팔레스타인인들을 이스라엘 밖으로 추방하자고 제안한 이스라엘 민족주의자입니다. 그 공원에는 앞서 말한 학살을 자행했던 이스라엘 출신 의사 바루치 골드스테인의 무덤도 있습니다. 그의 이름이 새겨진 묘비에는 "유대 민족과 토라, 이스라엘 국가를 위해 목숨을 바친 성자 바루치 골드스테인에게"라고 적혀 있어요.

1994년 골드스테인의 공격 후 도시는 유혈 사태와 통금, 적대감과 의혹으로 얼룩졌습니다. 도시가 나뉜 것은 바로 그런 분위기 때문이었죠. 알슈하다 거리(순교자 거리)는 치유 불가능한 분단의 거리로 강제 분리의 상징입니다. 헤브론에서 회복 불가능한 또 한 가지는 유대인과 무슬림 구역으로 나뉘어버린 아브라함의 무덤입니다. 1994년 이후 보안이라는 명분으로 성지의 입구가 나뉘고 철저히 통제되었습니다.

2022년 베냐민 네타냐후가 재집권했을 때, 연합 정부를 구성하는 극우 종교 세력의 수가 많지 않았음에도 그들 없이는 정부가 지탱되지 않으리라는 점을 헤브론에서는 누구나 알았죠. 그들의 독단과 결정이 앞으로 몇 달, 몇 년 동안 정치 노선과 영토 분쟁을 좌우할 것이 분명했습니다. 그리고 실제로 그렇게 되었습니다.


네타냐후 정부는 수천 개의 새로운 정착촌을 승인했고, 불법 전초 기지들도 소급하여 합법화했습니다. 즉, 건설 당시에는 이스라엘 정부의 승인을 얻지 못했던 전초 기지들을 새로운 정부가 승인해준 것입니다.

2023년 여름, 이타마르 벤그비르 장관은 이렇게 말했습니다. "나와 내 아내, 내 자식들이 유대와 사마리아의 거리를 돌아다닐 수 있는 권리가 아랍인들의 이동권보다 더 중요하다." 실제로 정착민들은 서안 지구를 고대 이스라엘 왕국을 의미하는 '유대와 사마리아'라고 부릅니다. 이러한 용어는 이스라엘 정부의 행정 체계에서도 사용됩니다.

하마스의 공격으로부터 사흘 뒤인 10월 10일, 서안 지구 정착민들에게 돌격소총을 나누어준 사람이 바로 이타마르 벤그비르였습니다. 그는 앞서 자기가 이끄는 부처에서 정착민 무장을 위해 소총 1만 정과 헬멧, 방탄복을 구매했다고 발표했었죠. 당시 이타마르 벤그비르는 이렇게 말했습니다. "민간 보안대를 대규모로 무장시켰다. 어느 지역도 무방비로 남지 않도록 돕는 조치다."

이타마르 벤그비르 등 정부 내 가장 극단적인 인사들은 가자 지구 전쟁 초반부터 협상을 거부했습니다. 그들은 가자 지구를 포함해 팔레스타인 영토의 완전한 합병을 주장합니다.

## '소위 점령'이라는 것

2023년 12월 어느 아침, 저는 헤브론에 있는 족장들의 무덤 앞을 걷고 있었습니다. 이쪽은 사막 지역이고 이스라엘 군인들이 사방에 주둔하고 있습니다. 족장들의 무덤은 팔레스타인인과 정착민이 함께 사는 도시의 H2 지역에 있습니다.

저는 정착민들과 이야기를 나눠보고 싶었습니다. 연락처를 뒤

져볼 새도 없이 30분도 채 되지 않았는데 한 소년이 제게 다가왔습니다. 제 카메라와 수첩을 보아서 그랬는지는 모르지만, 소년은 저와 이야기를 하고 싶어 하는 것이 확실했습니다. "혹시 헤브론 사람들의 정치적 현실이나 유대 정착민의 관점에 대한 제 의견을 듣고 싶으시면 말씀드릴 수 있어요." 저는 바로 그것을 바랐습니다. 이해하고 싶었어요.

그 소년의 이름은 요나탄 샤이Yonatan Shay이고 이스라엘 최대 시오니즘 운동인 임티르추ImTirtzu의 홍보 담당자입니다. 임티르추는 2006년에 지식인과 학생, 예비군 등이 모여 창설한 극단주의 운동 단체입니다. 이 운동의 지지자들은 독립은 시오니즘 운동의 시작일 뿐이고, 이스라엘이 언제부터인가 '본래 추구하던 정의로움'에 대한 믿음을 잃었다고 봅니다. 그래서 임티르추는 이스라엘 사회에서 시오니즘의 가치를 높이고 촉진하며, 차세대 국가 지도자, 즉 시오니즘 엘리트를 양성하는 일을 하고 있습니다. 임티르추는 이스라엘에서 가장 규모가 큰 비교과 시오니즘 교육 프로그램을 운영하고, 이스라엘 정부의 전폭적인 지원을 받습니다.

서로에 대한 소개가 끝난 후, 저는 요나탄에게 가장 먼저 스스로를 정착민이라고 인정하는지, 아니면 그러한 정의가 그를 불편하게 하는지 질문했습니다. 요나탄은 이렇게 답했습니다. "제가 유대교에서 교육받은 바에 의하면, 이스라엘인은 모두 정착민이에요. 정착민이 되는 것은 신의 뜻으로 여기고 따라야 하는 명령이거든요. 그러니까 모두가 정착민이고, 텔아비브와 하이파, 베에르셰바 사람들도 정착민이죠. 우리는 성지 정착민이에요. 유대와 사마리아의 이쪽 지역과 헤브론을 비롯해 유대의 수도인 예루살렘이 진짜 이스라엘이에요. 진짜 이스라엘은 유대와 사마리아이지, 서양 언론에서 말하는 것처럼 '서안 지구'가 아니예요. 그런 명칭은 모두 현대에 만들어졌을 뿐이에요. 우리의 안보와 미래, 그리고 신과의 관계를 위해 이 땅을 식민화하고 점점 더 많은 유대인들이 이 지역을 차지하게 하는 일이 중요해요."

저는 요나탄에게 검문소 반대쪽에, 우리가 있던 곳과 멀지 않은 곳에는 이동의 자유가 없는 팔레스타인 사람들, 일을 할 수도 없는 가장들, 치료가 필요해도 진료소나 병원에 갈 수 없는 청소년과 노인들이 있다는 말을 하려 했지만, 그는 그 모든 것에 대한 만반의 대비를 하고 있는 것 같았습니다. 그는 점령자로 규정되길 거부했습니다.

"팔레스타인의 집들이 파괴되고, 팔레스타인 사람들이 이주하게 된 것은 규정된 허가를 받지 못했기 때문일 거예요." 요나탄은 그렇게 말했습니다. 팔레스타인 사람들의 기존 건물에 대한 승인이나 새로운 건축을 위한 허가 신청이 거의 모두 거부되는 현실을 말해줘도 아무 소용 없었습니다. 이 문제에 대해서도 요나탄은 이렇게 대답했습니다.

"헤브론과 이 나라에 있고 싶은 팔레스타인인은 이스라엘 국가의 주권을 받아들여야 하고, '소위 점령'이라고 하는 것에 불만을 가지면 안 되죠." '소위 점령'. 저는 그가 왜 그렇게 말했는지, 수십 년 전부터 팔레스타인 사람들의 땅을 점점 잠식해가는 점령이라는 현실을 두고 어째서 '소위'라는 말을 붙였는지 그 이유를 물어야 했습니다. "왜 '소위 점령'이라고 말하는 거죠?"

요나탄은 제 질문에 대한 대답에서 더 나아가, 팔레스타인 땅에 이스라엘 국가가 있는 것을 점령이라고 생각지 않을 뿐 아니라 유엔이나 국제법의 가치도 믿지 않는 듯했습니다. 실제로 그는 이렇게 대답했습니다. "점령이란 건 유엔에서 하는 이야기예요. 유엔은 우리가 유대와 사마리아를 점령했다고 말하는 팔레스타인의 주장에 손을 들어줬잖아요. 하지만 봐요, 3000년 전부터 내 것이던 걸 점령할 수는 없죠. 이미 내 땅인 곳을 내가 또 점령할 수 없잖아요? 우리는 1948년에 끝냈어야 하는 해방을 1967년에야 시작했어요. 예루살렘은 사마리아의 중심이에요. 우리는 예루살렘을 '점령지'라고 생각할 수 없어요. 도시를 동쪽과 서쪽으로 구분하는 것은 우리에게 아무 의미도 없어요. 이것이 이스라엘 국가를 보는 우리의 관점이며, 우리 사회에서 유일하게 옳고 대다수가 믿는 생각입니다. 고집스럽게 '팔레스타인 점령지'라고 부르는 사람들이 있기는 하죠. 팔레스타인과 유대인이 잘 살려면 점진적으로 모든 것을 합병해야 해요. 여기가 유대 민족의 역사를 지닌 땅이고, 유대 민족에게는 이곳에 살 권리가 있고, 그건 팔레스타인 사람들에게도 좋은 일이라는 사실을 국제 사회는 인정해야 해요. 지금은 재앙 같은 상황이지만, 영토가 모두 합병되면 양측의 갈등이 끝날 겁니다."

요나탄이 상상하는 국가, 제게 말하던 그 국가는 단일국가 해법을 전제로 합니다. 공인된 실체는 둘(이스라엘과 팔레스타인)이지만 하나의 국가, 즉 팔레스타인 사람들이 살 수는 있지만 똑같은 권리를 지니지는 못하는 이스라엘 국가죠. 팔레스타인 사람들은 주민은 될 수 있어도 크네세트Knesset(이스라엘 의회)에 투표를 할 수는 없습니다. 그들의 대표자가 없는 것입니다.

이스라엘 국가에 대한 자신의 비전과 미래상을 알리기 위해 위해 요나탄은 유럽에 사는 동세대 유대인들의 이스라엘 방문 프로그램을 여럿 계획하고 있습니다. 독일에서 오래 살았던 요나탄은 독일 지인들을 통해 해외에 거주하는 유대인 동포들이 유대와 사마리아 정착지에서의 생활에 친숙해지도록, 이주를 하고 싶은 동포가 있으면 이주를 돕도록 이러한 여행 프로그램을 기획한 것입니다. 자신과 같은 정착민으로 만들려는 것이죠.

저는 요나탄에게 정착지에 들어가보게 해달라고 부탁했습니다. 요나탄은 친구에게 전화를 걸어 제 번호를 알려주었고, 통화가 끝난 후 말했습니다. "기다리고 있대요. 지금 오트니엘Otniel 정착지에서 올리브 나무를 심고 있대요."

저는 휴대폰 내비게이션 앱에 오트니엘을 입력하고 출발했습니다.

## 오트니엘 정착지

오트니엘 입구 철문에서 요엘 코펠랜드Joel Copeland라는 46세 남성이 저를 기다리고 있었습니다. 이스라엘에서 대형 부동산 투자 회사의 재무 컨설턴트 부서 책임자로 일하는 사람이었습니다. 10월 7일 이후로는 그 멋진 비즈니스용 정장을 벗고 군복을 입게 됐으니 정확히는 '전쟁 전에는 그랬었다'고 해야겠군요. 요엘은 정착촌의 다른 거주민들과 교대로 이 지역의 보안을 담당하고 있습니다.

오트니엘 정착촌은 1970년대 말에 설립되었고, 현재 250가구가 살고 있습니다. 가구당 평균 6~7명의 자녀를 둔 터라 거주민은 총 1500명쯤 되죠. 국제법에 의하면, 서안 지구의 다른 이스라엘 정착촌들과 마찬가지로 불법적인 거주지인 오트니엘은 언덕의 이편과 저편에서 서로를 바라보는 두 민족의 불가능한 공존 현실을 그대로 반영하는 거울 같은 곳입니다. 또한 지리적으로 가깝지만 평화롭지는 않은 이 두 세계를 가로지르는 폭력의 거울이기도 합니다.

2002년 무장한 팔레스타인 남자들이 유대교 종교 학교인 예시바Yeshivah에서 오트니엘에 사는 학생 네 명을 살해했습니다.

2011년에는 정착촌 주민인 랍비 단 메르즈바흐Dan Merzbach가 헤브론 족장 무덤에 새벽 기도를 하러 가던 중 무장 세력이 있다고 의심한 이스라엘군 순찰대의 총에 맞아 차 안에서 숨졌습니다.

2016년에는 팔레스타인 청년이 어느 집에 들어가 세 아이들이 보는 앞에서 그 어머니를 칼로 찔러 살해했고요.

2023년에는 정착촌에 사는 주민 네 명이 10월 7일 하마스 학살로 목숨을 잃었습니다. 요엘 코펠랜드는 이런 사건들을 꼽으면서 이렇게 말했습니다. "폭력은 이전에도 우리의 일상이었지만 10월 7일 이후로는 완전히 바뀌었어요."


늦은 오후, 우리는 오트니엘에서 가장 높은 지대를 걸었습니다. 요엘이 올리브 나무를 심는 청소년들 쪽을 가리켰습니다. 그

근처에서 어른들은 언젠가 주방과 탈의실, 놀이터가 들어설 '행사장'을 대로와 연결할 길을 닦고 있었어요. 저는 무언가가 만들어지고 어떤 계획인가가 진행중인 그곳을 바라봤습니다. "저희는 분노로 돌을 집어던지는 것이 아니라, 돌을 모아 건설을 하고 있어요." 요엘이 말했습니다.

당시 요엘의 아들 중 한 명은 가자 지구 남부 전선에 나가 있었고, 다른 두 명은 레바논과의 국경선이 있는 북부 전선에 나가 있었습니다. 요엘도 우리와 마찬가지로 매일 가자 지구의 모습을, 잿더미에서 찾아낸 어린아이들의 시체와 집에서 강제로 쫓겨난 수천 명의 아버지와 어머니, 할아버지, 할머니를 봅니다. 요엘은 그 사람들이 그런 처지에 놓이면 안 된다고 보면서도, 그런 걸 진작 고려했어야 한다고 말합니다.

숫자 따위는 중요치 않습니다. 현재 이스라엘군 공격에 희생되는 사람들의 대부분이 여성과 어린이라는 점을 지적하는 것도 중요치 않습니다. 가자 지구 인구의 거의 절반이 미성년자라는 점도 외면됩니다. 그들은 예전이나 지금이나 청소년과 어린이일 뿐, 하마스를 지지하지도 투표를 하지도 않았습니다. 2007년 가자 지구가 봉쇄되었을 때는 많은 수가 태어나지도 않았죠.

"그 부모들은 아이들을 교육하면서 마음속에 증오심을 심어주었어요. 정말 슬픈 일이지만……" 요엘은 말을 잇지 못했습니다.

잠시 후 언덕 반대편 팔레스타인 사람들이 있는 쪽을 바라보다가, 다시 정착촌으로 시선을 돌리고 말을 이었습니다. "하지만 그게 저희가 할 일이에요."

요엘 코펠랜드에게 두 민족, 두 국가라는 대안은 사라졌습니다. 더 이상 가능하지도 않고, 현실적이지도 않죠. 그는 이렇게 말합니다. "팔레스타인이라고 부르는 국가는 우리 땅에서는 현실성이 없어요."

이어지는 요엘의 의견은 다른 사람들과 똑같았습니다. 유대인들은 정착촌에서 국가를 소유할 권리, 유대인 단독으로 국가를 소유할 권리가 있다는 것 말입니다. 요엘은 전쟁이 끝나면 가자 지구와 서안 지구에서 팔레스타인인들을 몰아내는 것 이외에 다른 대안은 없다고 생각합니다. 가자 지구의 팔레스타인인들은 이집트로, 서안 지구의 팔레스타인인들은 요르단 쪽으로 보내야 한다고요. 실제로 서안 지구 점령지에서 팔레스타인인의 강제 이주와 정착촌의 증가는 수십 년 전부터 맞물려 진행되어왔습니다.

팔레스타인 공동체는 군사적 폭력과 정착민의 폭력이라는 위협과 압박 속에서 살고 있습니다. 이스라엘 인권단체 베첼렘은 이 상황을 한마디로 "팔레스타인인들이 마치 자발적으로 선택한 듯이 떠나도록 '강압적 환경'을 만드는 것'이라고 표현했습니다. 이스라엘 정부는 한편으로는 정착촌 건설 허가를 내주고 다른 한편으로는 팔레스타인인에게 철거 명령을 내려서, 팔레스타인 사회의 영토적 연속성을 끊어 고향을 떠나게 만드는 것이죠.

이러한 상황은 앞서 언급한 것처럼 최근 네타냐후 정부에서 더욱 심각해졌습니다. 네타냐후 정부는 정착촌 확장을 최우선 과제로 삼고, 정착촌 내에 수천 채의 신규 주택 건설을 추진했으며, 서안 지구에서 수많은 전초 기지를 소급 승인했습니다. 이런 정책의 결과로 이미 수년간 일상처럼 이어지던 폭력 사건은 더욱 늘어났죠. 이는 유엔 보고서에 따르면 2022년 정착민들이 하루에 두 번 꼴로 팔레스타인인을 공격했는데, 이는 이전 해 평균의 두 배에 달하는 횟수입니다. 2023년에는 그보다 더욱 증가하여, 유엔이 이러한 폭력 사태 발생 현황을 기록하기 시작한 2006년 이래로 가장 높은 수치를 기록했죠.

## 오트니엘의 여왕

야엘 아나프Yael Anaf는 '오트니엘의 여왕'이라 불립니다. 24세의 나이에 이미 두 아이를 두었고, 가냘픈 몸매와 야윈 얼굴이지만 친절한 미소로 대화를 이끌어가는 여성입니다. 다른 사람들과 달리 아랍어를 쓰는데, 10월 7일 전에는 동예루살렘에 팔레스타인인 친구들이 있었지만 지금은 대화를 나눌 사람이 없죠.

야엘 아나프는 두 민족, 두 국가 해법에 항상 의구심을 품었습니다. 그녀는 그 이유를 이렇게 말합니다. "다른 곳에 사는 사람들은 계속 그 해법을 믿어왔지만, 여기 사는 저희는 오래전부터 그보다 훨씬 더 실용적인 방법을 알고 있어요." 야엘 아나프는 예전에는 거주 허가를 받은 팔레스타인 시민을 포함하는 단일국가가 가능하다고 생각했지만, 지금은 그런 가능성도 '쓸모없는 환상'이라고 서슴없이 말합니다. 냉혹한 현실만이 남았다고 말입니다.

"공존에 대한 희망은 더 이상 가능하지 않고, 우리가 그랬던 것처럼 여러분도 받아들여야 해요. 이제 평화에 대해 논할 수 없어요. 이 '평화'라는 말을 이곳에 적용하는 것은 잘못이에요. 그저 불가능한 공존이 끝났음을 받아들여야 하죠. 그걸 빨리 인정할수록 우리는 빨리 우리 나라에서 살 수 있어요. 왜냐하면 '아랍인들'과 달리 우리는 갈 곳이 없거든요." 아랍인이란 팔레스타인인을 말하는 것입니다. 야엘 아나프가 절대로 팔레스타인인이라고 부르지 않는 이유는 다른 사람들처럼 그녀도 팔레스타인이란 존재하지 않는다고 생각하기 때문입니다. 존재한 적도 없고, 앞으로도 결코 존재하지 않을 것이라고 생각하기 때문입니다.

# 7장

# 두 개의 법

2023년 11월 말 저는 친구 무한나드 카페시와 헤브론에 도착했습니다. 우리는 길가에 주차를 하고 잰걸음으로 내리막길을 걸어 내려갔습니다.

그날 헤브론은 여느 날과 달랐습니다. 열아홉 살의 팔레스타인 청년 라에드 사르수르<sup>Raed Sarsour</sup>가 감옥에서 집으로 돌아오는 날이었죠. 라에드 사르수르는 이스라엘의 오페르<sup>Ofer</sup> 교도소에 있다가 최근 이스라엘과 하마스 간에 이루어진 죄수 교환 덕분에 이틀 전에 석방됐습니다.

## 반쪽짜리 파티

라에드 사르수르의 아버지는 아들이 집으로 돌아온 날 우리가 그들 가족과 함께 보낼 수 있도록 해주었습니다. 집 앞에서 기다리고 있다가 우리가 내리막길을 따라 걸어오는 것을 보자, 눈물이 가득 고인 눈으로 우리를 맞아주었지요. "기대도 안 했어요. 라에드가 풀려날 거라는 기대는 하기 어려웠어요. 아버지로서 얼마나 큰 걱정을 덜었는지 상상도 못하실 거예요."

라에드가 수감된 것은 처음이 아니었습니다. 처음 체포된 것은 4년 전 라에드가 고작 열다섯 살일 때였고, 잡혀서 메기도<sup>Megiddo</sup> 교도소로 이송되었는데, 그곳에서는 면회도 안 되고 부모님께 전화 한 통 걸 수도 없었습니다. 몇 달간 감방 쇠창살 밖에서 무슨 일이 일어나는지도 몰랐습니다.

이번은 두 번째 체포였습니다. 2023년 6월 어느 날 이스라엘 군인들이 집에 들이닥쳐, 라에드가 행동대원이고 이 지역의 안보에 위협이 된다는 말만 던지고 그를 잡아가서는 다른 열 명과 함께 감방에 가뒀습니다.

'기밀 사건'으로 분류된 수많은 다른 사례들처럼, 라에드도 '행정 구금' 통계에 포함되었습니다. 행정 구금이란 체포된 당사자가 자신에 대한 혐의나 증거를 전혀 알 수 없고 변호사 접견도 허용되지 않는 상태로, 6개월씩 연장되어 최대 2년까지 구금될 수 있는 제도입니다. 이에 대한 자세한 내용은 이 장 끝에서 더 깊이 다룰 거예요.

라에드의 아버지는 정원에 플라스틱 의자와 접이식 의자를 두 줄로 나란히 놓고 그 위에 물 몇 병과 대추야자를 올려놓았습니다. 집에 돌아온 아들에게 환영 인사를 하러 오는 친척과 이웃에게 주려고 준비한 선물이었습니다. 라에드의 아버지는 접대가 너무 빈약해서 안타깝다고 말했습니다. 석방 축하라면 으레 케이크를 나누어 먹곤 하는데 그런 것도 없었으니까요.

그런 걸 살 수 없는 이유는 이스라엘 극우 정치가인 안보부 장관 이타마르 벤그비르가 정한 규정 때문입니다. 팔레스타인 죄수가 석방 시 취해야 하는 태도에 대해 벤그비르는 분명하게 말했습니다. "절대로 기뻐하는 내색을 해서는 안 된다. 기쁨을 드러내는 것은 테러리즘을 지지하는 것과 다름없으며, 승리를 축하하는 것은 인간 쓰레기, 즉 나치를 지지하는 일이다."

그래서 아쉽지만 라에드의 아버지는 벤그비르의 규정을 준수하여 대추야자와 물만 차려놓은 것입니다. 저는 그의 차분한 태도에 상당히 놀랐습니다. 라에드의 아버지는 꼼꼼하게 테이블과 의자를 정리하고, 바지 오른쪽 주머니에 손수건을 넣고 있다가 감정이 북받칠 때마다 꺼내 들었습니다. 친척들이 하나둘씩 도착하기 시작해 다들 포옹 한 번, 알라신에게 전하는 감사의 말 한마디, 그리고 라에드의 어린 시절 추억 한마디와 함께 계속 이어지는 전쟁에 대한 걱정의 말을 건넸습니다.

그리고 라에드가 왔습니다.

라에드가 정원에 나와서 줄을 서서 기다리고 있는 모든 손님과 악수하는 동안 저는 그의 얼굴을 유심히 살폈습니다. 야윈 몸에 온화하고 평화로운 미소를 띤 청년이었습니다. 라에드는 그의 나이인 열아홉보다 어려 보였습니다. 운동복을 입고 있던 라에드가 제게 다가와 인사를 건네는데 깨끗한 빨래 냄새가 났습니다. 저는 이런 생각을 했습니다. '아들이 집에 돌아와 제 침대에서 잠들기까지 몇 달이 걸릴 것을 알면서도 어머니는 얼마나 정성스럽게 아들의 옷을 빨고 갰을까?'

라에드는 잠시 기다려달라고 하면서, 저와 충분히 시간을 두고 이야기하기 전에 사촌·이웃들과 잠깐 있고 싶다고 했습니다. 사람들이 저쪽에서 그를 기다리니, 당연한 일이죠.

라에드는 대추야자가 담긴 쟁반을 들고 걸어 다니면서 저를 포함한 모든 사람들에게 하나씩 나누어준 뒤, 정원 끝 낮은 담에 앉았습니다. 순식간에 소년들과 어린아이들 무리가 라에드의 주위를 둘러싸곤, 핸드폰으로 그곳에 없는 사람들에게 안부 문자를 보내달라고 하기도 하고, 석방 소감을 녹음해달라고도 했습니다. 구금 생활에 대해 머뭇머뭇 묻기도 했습니다. 바로 그때, 라에드가 제게 말했습니다. "이쪽으로 오세요. 이건 기자님도 관심 있으실 거예요." 잠시 후 라에드는 오래전 이야기를 꺼내놓았습니다.

# '기밀 사항'

6개월 전 체포될 당시 경제학을 공부 중이던 라에드는 학비도 벌고 식구 수 많은 집안 살림에도 도움이 될 겸 헤브론 상점에서 판매원으로 일했습니다. 라에드는 처음 체포를 당하던 열다섯 살 때나 몇 개월 전이나 아무런 조직에도 속하지 않았습니다. "저는 아무 정당에도 가입하지 않았고, 아무 운동에도 참여하지 않았어요. 감옥에 있을 때도 그런 운동을 시작하지 않았죠. 저는 하마스든 이슬람 지하드든 어디든 전혀 소속되어 있지 않아요. 청소년 초기에 행정 구금을 경험한 소년일 뿐이에요. 감옥에 다녀온 뒤 잘못된 길로 접어드는 사람들이 많지만 저는 자포자기 하지 않았고, 출소 후에는 가족들이 도와준 덕분에 제가 갈 길을 확실히 알았어요. 저는 공부하고 열심히 일하고 싶어요. 제가 원하는 것은 평화롭게 사는 것뿐이었어요. 지금도 마찬가지고요."

라에드는 심문을 받는 중에 이스라엘 군인들에게 자신이 수감된 이유를 수도 없이 물었지만 돌아오는 대답은 언제나 똑같았습니다. "기밀 사항." 그는 군인들이 자신의 수감 이유에 대해 아무런 대답이나 설명을 할 수 없다는 것을 깨닫고, 더 이상 질문하지 않았습니다. 라에드는 서안 지구에서 친척 하나쯤 감옥에 안 보낸 집이 없다는 걸 압니다.

체포된 지 4개월 정도 지났을 무렵인 10월 7일, 그 비극적인 아침이 밝았습니다. 평소에는 수감자들에게 잠깐 정원에 나가게 해주는데 그날은 그렇지 않았습니다. 감방 문도 계속 닫혀 있었죠. 하마스의 공습과 학살 소식이 순식간에 감옥 내에 퍼졌고, 교도소 관리자가 복도에 나와 새로 공지가 내려올 때까지 아무도 바람을 쐬러 나갈 수 없다고 발표했죠. 네 시간 후, 간수들이 들어와 난로와 텔레비전, 라디오를 압수했습니다. 다음 날은 물과 전기가 끊겼고, 이불과 베개, 갈아입을 옷도 가져가버렸습니다. 그 다음 날은 보안 요원들이 감방에 떼로 몰려와 수감자들에게 수갑을 채우고 구타했습니다. 이후 몇 주 동안 매일 구타가 이어졌습니다.

라에드는 이야기를 이어갔습니다. "셋째 날은 군인들이 보안 요원 무리를 데리고 다시 와서 우리에게 수갑을 채우고 때렸어요. 체포된 지 얼마 안 된 사람들이 다쳤는데 군인들은 의료나 보건 서비스 등을 전혀 제공하지 않았어요. 저도 세 번이나 구타당하고 모욕도 당했고요. 그들은 수감자 모두에게 집을 부수고 부모형제를 체포하겠다고 말했어요."

감옥에 들어갈 때 라에드의 체중은 85킬로그램이었습니다. 저와 만날 때는 고작 70킬로그램이었죠.

석방 날짜가 다가오자 심하게 구타를 당했고, 경찰이 행정 구금이 6개월 더 연장될 것이라고 통보했습니다. 라에드는 그렇게 될 줄 이미 알고 있었습니다. 그러나 다들 6개월이 끝나갈 때가 되면, 아무런 설명 없이 몇 달이 몇 년이 될 수 있다는 사실을 알면서도 희망을 갖게 되죠.

이틀 뒤, 라에드의 감방 문이 다시 열렸습니다. 큰 기대도 없었는데, 집으로 돌아갈 수 있게 된 것입니다. 라에드는 팔레스타인인 수감자와 이스라엘인 인질 교환 명단에 올라 있었습니다. 이러한 인질 교환에 대해서는 이 장의 끝부분 설명에서 자세하게 살펴보겠습니다.

"팔레스타인 민족인 우리는 이런 일에 익숙해요. 어린 시절부터 군인들이 한밤중에 집에 들이닥쳐서 전부 다, 심지어 아이들까지 잡아갈 수 있다는 것을 알죠. 교도소에 저보다 어린 죄수들도 있어요. 제가 풀려날 때 열두 살, 열세 살쯤 되는 아이들이 버스에 타는 걸 봤어요."

2015년에 이미 유엔 보고서는 "이스라엘 교도소에서 팔레스타인인에게 가하는 신체적 학대와 모욕"을 지적했습니다. 이 보고서는 "신체 고문 및 심문 중에 가하는 심리적 위협, 구타, 독방 감금, 가족 면회 거부"에 대해 언급했으며, 점점 더 많은 어린아이들이 똑같은 취급을 받고 있다고 고발했습니다.

가장 충격적인 것은 아흐마드 마나스라Ahmad Manasra의 사례입니다. 그는 열세 살에 체포되어 법적 지원도 없이 심문을 받았습니다. 열세 살이라는 나이에도 불구하고, 체포 중 심각한 부상을 입었음에도, 조현병 진단을 받았음에도, 체포 사유였던 칼부림 사건에 가담한 사실이 없다는 것이 증명되었음에도 마나스라는 2013년부터 수감되어 2021년부터는 독방에 감금되어 있습니다.

라에드는 이런 말로 이야기를 마무리했습니다. "저는 감옥 생활을 견디고, 집으로 돌아갔다가도 다시 잡혀갈지 모른다는 두려움을 견딜 힘을 제 내면에서 찾았어요. 하지만 견딜 수 없는 것이 하나 있다면 저를 테러리스트로 규정하는 거예요. 그건 부당해요."

휴전 기간 동안 이스라엘 정부는 팔레스타인인 수감자들과 교환할 인질 명단을 발표했고, 석방을 기다리는 모든 팔레스타인인들은 '테러리스트'로 규정되었습니다. 라에드의 마지막 말을 들으며, 저는 전쟁에서 언어가 어떻게 왜곡되고 조작되는지 분명히 깨달았습니다. 저는 라에드가 무슨 말을 하려는 것인지, 거기서 무엇을 배워야 할지 고민해봤습니다.

## 정의에 대한 갈증

며칠 동안 저는 '테러리스트로 규정되는 것'이라는 말에 대해 생각해봤습니다. 그리고 그의 얼굴과 어린 시절의 소박한 꿈을 털어놓을 때 희미하게 비치던 미소를 떠올렸죠. 일하고 경제학 학위를 따고 가족을 돕는 것, 그것이 라에드의 꿈이었습니다.

라에드는 '부당하다'고 말했습니다. 아마 여러분도 이 말을 수도 없이 해봤겠죠. 순수함을 간직한 여러분이 어른들보다 부당함을 더욱 예리하게 감지하니까요. 라에드의 '부당하다'는 말에서 저는 어린 그의 모습을 보았습니다. 겁에 질린 어린 시절과 구원에 대한 열망을 느꼈습니다. 배움과 땀으로 이룰 수 있는 소박한 정의에 대한 그의 갈증을 말입니다. 그래서 생각해봤습니다. 제 이름이 기나긴 '테러리스트' 명단에 있었다면 어떻게 반응했을까 하고요.

그날 오후 라에드는 10월 7일 이후의 일을 이야기하며, 며칠 동안 감방에서 꼼짝 못할 때 오직 가족을 생각하고 기도했다고 말했습니다. 어머니와 형제들, 아버지의 목소리가 듣고 싶었다고 했습니다. 아버지가 체포된 것은 석방된 뒤에야 알았습니다. 사실 라에드의 아버지도 20일간 오페르 감옥에 갇힌 일이 있었습니다. 한 사람은 28동, 한 사람은 18동에 있었죠.

헤브론으로의 귀환이 라에드에게 진정한 자유를 의미하는 것은 아닙니다. 감시 받으며 살아야 하고, 헤브론을 떠날 수도 없으니까요. 그래도 그에게는 책과 꿈이 있으니 괜찮습니다.

제가 마지막으로 본 그의 모습은 이렇습니다. 해가 지고 몇 시간째 자리에 앉아 있는 라에드에게 이웃들이 다가와 그의 아버지와 악수를 나누고 포옹하며 감옥 이야기를 묻습니다. 그의 얼굴이 점점 어두워집니다. 그는 고개를 저으며 말합니다. "감옥 이야기는 그만할래요. 생각하고 싶지 않아요."

라에드가 그 말을 하는 동안 저는 생각했습니다. '라에드가 저런 말을 하는 것은 감옥을 과거로 묻었기 때문일까, 아니면 이유도 모르는 채 또다시 세 번째로 체포될지 모른다는 두려움 때문일까?'

2023년 10월 7일 테러 공격에 이어 이스라엘이 가자 지구에서 일으킨 전쟁 중에 잠시 휴전하기 위해 몇 차례의 협상 시도가 있었습니다. 2023년 11월에 협상이 타결되었고, 이를 계기로 하마스에게 인질로 잡혀 있던 이스라엘인 105명과 이스라엘 교도소에 있던 팔레스타인인 240명이 일곱 차례에 걸쳐 석방되었습니다.

이스라엘 내 팔레스타인인 수감자 수가 이렇게 많은 것은 점령지에서 이스라엘 당국이 이중적 사법 체계를 고수하기 때문입니다. 서안 지구의 팔레스타인인 300만 명은 군법이 적용돼 군사법원에서, 정착촌의 이스라엘인들은 민법과 형법이 적용돼 일반 법원에서 재판을 받습니다.

국제 인권 단체인 휴먼 라이츠 워치Human Rights Watch의 국장 오마르 샤키르Omar Shakir는 이에 대해 이렇게 요약합니다. "이스라엘인과 팔레스타인인은 같은 영토에서 살지만, 서로 다른 법률에 따라 다른 법정에서 재판을 받고, 공정한 재판에 대한 권리도 다르며, 동일한 범죄에 대해서도 다르게 처벌받는다. 그 결과 많은 팔레스타인인이 적법한 기본 절차 없이 투옥되며, 그 수는 점점 더 증가하고 있다."

예를 들어 팔레스타인인은 판사를 만나기 전에 8일 동안 감옥에 갇힐 수 있습니다. 반면 이스라엘 법에 따르면 피고인은 체포 후 24시간 이내에 판사를 만날 수 있어야 하고, 예외적인 경우에만 96시간까지 연장될 수 있습니다.

또한 팔레스타인인은 단 열 명만 모여도 정치 집회로 간주돼 구금될 수 있습니다. 반면 서안 지구의 정착민들은 집회가 야외에서 진행되고 참가자 수가 50명을 넘지 않는 한 허가를 받지 않아도 됩니다.

이러한 불평등한 대우는 어린이들에게도 적용됩니다. 이스라엘 민법에서는 야간에는 어린이를 체포하지 못하도록 보호하고, 심문 중 부모가 동석할 권리를 보장하며, 변호사와 상담하고 판사 앞에 출석하기 전까지 어린이를 구금할 수 있는 기간을 제한합니다. 그러나 팔레스타인의 어린이들은 상황이 다릅니다. 심야에 체포되는 경우도 잦고, 부모나 친척 동행 없이 손이 묶이고 눈이 가려진 채 교도소로 끌려갑니다. 유니세프는 일찍이 2015년에 "군사 구금 제도에 노출되는 아동들에 대한 학대가 광범위하고 체계적이며 제도화된 양상을 보인다"고 고발했습니다.

이스라엘 인권 단체 하모케드HaMoked에 의하면, 이스라엘 교도소에는 안보 관련 범죄 혐의로 체포된 팔레스타인인 수감자가 7000명에 달합니다. 10월 7일 이후 체포된 팔레스타인인 대다수가 행정 구금 상태에 있고요.

행정 구금자는 '예방 구금' 절차에 따른 처분을 받는데, 이 예방 구금은 구금자 본인과 그들의 법적 대리인에게 공유되지 않는 기밀 정보에 따른 것입니다. 증거 조사가 진행되지 않으므로 변호사는 증거를 전달받을 수 없습니다. 심리도 공개되지 않고, 얼마나 구금될지 기간도 예측할 수 없죠. 원칙상으로는 3~6개월 정도지만, 구금 기간이 끝날 때마다 갱신되는 경우도 많습니다.

텔아비브 당국은 국제 감시단의 비판에도 불구하고 서안 지구의 행정 구금이 필요한 예방 조치라고 주장하고 있습니다. 2020년 유엔의 팔레스타인 점령지 인권 특별보고관이었던 마이클 링크Michael Lynk는 이러한 관행을 폐지하라고 촉구한 바 있습니다.

# 8장

## 정착촌을 보는

# 상반된 시선

# 정착민들의 대모
# 다니엘라 와이스

여러분에게 정착촌이 어떻게 운영되는지, 그리고 그 기저에 어떤 사고가 깔려 있는지를 설명하기 위해 언급해야 하는 사람이 있습니다. 바로 다니엘라 와이스Daniella Weiss입니다.

다니엘라는 78세의 여성입니다. 아버지는 미국 출신, 어머니는 폴란드 출신이지만, 다니엘라는 이스라엘 국가가 건국되기 직전인 1945년에 텔아비브 인근에서 태어났습니다. 그녀는 정착민들의 새로운 정착촌 건설을 돕고 있습니다. 제가 그녀를 만난 케두밈Kedumim 정착촌도 50년 전 다니엘라와 소수의 정착민들이 들어와 세웠죠.

제가 다니엘라의 집에 간 날은 2024년 5월 15일입니다. 하루 전인 14일에 그녀가 기획한 이스라엘 건국 기념 행진에는 이타마르 벤그비르 안보부 장관을 포함해 수많은 정착민이 참여했습니다.

다니엘라 와이스가 아침에 잠을 깨자마자 가장 먼저 보는 것은 가자 지역 지도입니다. 그녀가 상상한 바를 함께 일하는 건축가들의 설계도로 재현한 가자 지구의 모습, 살기 좋고 풍요로운 가자 지구의 모습을 담은 지도죠. 정착민들이 거주하고, 가능하면 아랍인들은 살지 않는 가자 지구입니다. 다니엘라도 팔레스타인인을 '아랍인'이라고 부르는데, '팔레스타인 사람'이라는 말 자체가 현대에 만들어졌기 때문이라고 했습니다.

다니엘라에게 가자 지구의 그 미래는 꿈이 아니라 프로젝트입니다. 실제로 그녀는 누가 자신을 비판하고 방해하려 해도 신경 쓰지 않고, 이스라엘 국가에 대한 자신의 이상을 실현하려 계속 노력하고 있습니다. 지난 50년간 그랬던 것처럼 말이죠. 그렇게 다니엘라는 모두에게 '정착민들의 대모'로 불리게 되었습니다.

다니엘라 와이스에 대한 정보를 찾아보면 이스라엘 정통파 시온주의 정착촌 운동의 우익 극단주의자이자, 서안 지구의 이스라엘 정착촌인 케두밈의 시장을 지낸 사람으로 알려져 있습니다.

저는 본인에 대해 소개해달라고 부탁했고, 다니엘라는 이렇게 대답했습니다. "저는 시오니스트이자 활동가이고, 사마리아와 유대(정착민들이 서안 지구를 이렇게 부른다는 것 기억하시죠?) 지역 정착민 운동의 중추로서 새로운 정착촌을 세우는 활동을 하고 있습니다. 정착촌이 총 300곳인데 제가 설립에 관여한 정착촌이 250곳은 될 거예요. 저는 젊은 세대에게 새로운 정착지를 세우는 방법을 가르치고 있어요. 저를 극단주의자라고 하는 사람들은 제 행동과 말이 토라 경전의 가르침을 따른다는 것을 모르는 거예요."

정착촌에서 그녀의 정치 활동은 1967년 6일 전쟁 이후부터 시작됐습니다. 당시에 다니엘라와 가족들은 아직 텔아비브에 살았고, 1970년대 초반 서안 지구로 이주해 남편 및 친구들과 함께 바람과 먼지가 많은 곳에 케두밈 정착촌을 설립하기로 합니다(국제법상 불법이지만 이스라엘 정부에서 허가 및 인가를 해주었습니다). 다니엘라는 이 정착촌에서 두 번이나 시장을 지냈습니다. 이 정착촌에는 네타냐후 정부의 재무부 장관인 베잘렐 스모트리치도 거주하고, 그 역시 벤그비르처럼 주요 종교적 극우파 인사입니다.

저는 다니엘라 와이스와 케두밈 거리를 걸으면서, 지나가는 사람들 모두 그녀를 향해 몸을 돌리는 것을 보았습니다. 정착민들에게는 이것이 일종의 도덕적 지침 같은 것입니다.

지난 몇 년 동안 다니엘라도 수차례 체포되었습니다. 그중 한 번은 경찰을 공격하고 팔레스타인인 소유 재산을 파손한 사건에 대한 조사를 방해한 혐의였습니다.

## "여러분도 나처럼 하세요"

50년 전 다니엘라가 케두밈으로 이주했을 당시에는 천막에서 살 았습니다. 얼마 후 천막은 오두막이 되고, 캠핑카가 되고, 조립식 주택이 되고, 마지막에는 지금 살고 있는 언덕 위의 큰 집이 되었는데, 그녀의 집에서 온통 바위로 둘러싸인 마을이 한눈에 내려다보였습니다. 다니엘라는 조언을 구하러 오는 젊은 커플들이 전초 기지에서 생활할 수 있게 준비시킵니다. 즉, 처음에는 천막과 컨테이너에서 살다가 최종적으로 서안 지구 점령지 내 새로운 정착촌을 형성하는 방식으로 불법적으로 조성되는 공동체에서 살도록 채비하는 것이죠.

이러한 준비 과정에 필요한 것이 다니엘라의 조직인 나찰라 정착 운동Nachala Settlement Movement입니다. 젊은 운동 단체와 협력해 젊은이들이 행진 시위와 모금 활동에 참여하도록 유도하죠.

'나찰라Nachala'는 조국을 뜻하는데, 홈페이지에는 이렇게 소개돼 있습니다. "나찰라는 유대와 사마리아 지역에서 새로운 공동체를 만들고자 하는 목표를 가진 젊은 커플 단체를 조직합니다. 각 단체는 15~25가구로 구성됩니다. 본 운동은 실제로 유대인

60만 명이 살고 있는 유대와 사마리아 산간 지역에 250개 유대 공동체의 씨앗을 심었습니다."

다니엘라 와이스는 미래의 정착민들을 정신적으로나 물리적으로 준비시킨다고 말했습니다. 자신이 그랬듯, 아무것도 없는 언덕을 새로운 공동체와 새로운 정착촌으로 만들도록 말입니다. 마음이 무너지는 일을 막으려고 초반의 역경을 이야기해주기도 합니다. 실제로 그녀의 딸 중 하나도 케두밈에서 차로 20분 거리에 있는 불법 전초 기지 에비아타르Evyatar에 삽니다.


전초 기지는 정착촌의 첫 번째 세포라고 할 수 있으며, 이스라엘 정부의 허가 없이 건축법을 위반하여 건설된 것입니다. 말하자면 한 무리의 사람들이(적게는 수십 명에서 많게는 수백 명이 될 수도 있습니다) 어딘가에 정착하여 처음에는 천막이나 캠핑카, 트레일러에서 살다가 컨테이너로 옮기고, 마지막에는 영구적인 거주지에서 사는 것을 말합니다. 정착민들은 전초 기지에서 물도, 전기도, 포장 도로도, 학교도 없이 오랫동안 고되게 살아야 하지만 이스라엘 땅을 지키겠다는 사명감으로 그 길을 선택합니다. 분석가들은 이러한 전초 기지를 협상과 평화의 길을 가로막는 심각한 위협으로 봅니다.

우리가 만났을 때, 다니엘라는 이렇게 말했습니다. 오래전부터 이스라엘 사람들이 가자 지구로 돌아가기를 바라긴 했어도 당장 정부에 압력을 넣으려던 건 아니라고요. 자신은 그저 서안 지구에서 정착민들을 보호하고 새로 가정을 꾸린 사람들이 다른 전초기지를 세우도록 장려하는 데 열의를 쏟았을 뿐이라고 합니다. 그런데 학살이 모든 것을 바꾸어, 다니엘라 눈앞에 새로운 가자 지구가 그려졌습니다. "10월 7일까지 가자 지구에 새로운 정착지를 세우겠다는 계획은 없었어요. 2005년의 철수 뒤에 저는 한편으로 '우리는 실패했다'고 생각했죠. 오랜 세월 동안 제가 그 땅에 품었던 야망의 문이 닫힌 거예요. 그러나 저는 스스로 '때가 올 것이고, 우리도 돌아올 것이다'라고 되뇌었어요. 이제 그때가 왔습니다."

다니엘라가 자신의 집무실에서 보여준 지도들은 시위 행진 중에 내걸었던 것과 같은 것으로, 이스라엘이 가자 지구를 상대로 벌인 전쟁의 종식을 그녀가 어떻게 상상하는지 드러냅니다. 다니엘라는 이스라엘인들이 사랑하는 해안 도시 "하이파처럼 아름답게" 가자 지구 전체를 재건하겠다고 말했습니다.

다니엘라 와이스는 해안 지역 땅을 요청하는 수십 가구의 명단을 가지고 있습니다. 그들이 해안 지역 땅을 원하는 이유는 가자 지구의 모래, 그 '황금빛 모래' 때문입니다.

# 대화를 믿는 에렐라

여러분에게 에렐라와 그녀의 이야기를 소개하기 전에 그녀의 일기 한 페이지부터 읽어보겠습니다.

갑자기, 무슨 계시가 내린 것처럼 작은 틈이 생겼다. 아라드의 계곡과 유대의 사막으로 가는 길처럼 내 마음 앞에 펼쳐져 드넓고 광활하게, 느른하고 단순하게, 다른 날들과 똑같은 어느 가을날처럼, 다음 날이나 전날과 다를 바 없는 그런 날 정오의 태양 속에서, 바로 그렇게 '내가 이 땅에 속하고 이 땅이 내게 속한다'라는 단순한 깨달음이 펼쳐졌다.

## 에렐라와의 만남

2024년 봄, 저는 이스라엘 일간지 〈하레츠Haaretz〉에 실린 에렐라 두나옙스키Erella Dunayevsky에 대한 기사를 보고 궁금한 점이 생겨 그녀를 만나보기로 했습니다. 당시 기사 제목은 "이스라엘 정착민들은 이제 무엇이든 할 수 있다"였고, 소제목은 "수십 년간 서안 지구에서 활동한 이스라엘 활동가 에렐라 두나옙스키, 갈등 해소의 희망을 잃다"였습니다. 즉시 이런 생각이 들었습니다. 다

시리아
지중해
케두밈
텔아비브
서안 지구
헤브론
이스라엘
이집트
요르단

니엘라의 목소리를 들은 뒤에 이렐라의 목소리를 듣는 것이, 단순한 답보다 더 많은 의문을 남기는 훨씬 복잡하고 다층적인 그림을 보여줄 것이라고요. 그래서 그녀가 몸담고 있는 단체 빌리지 그룹The Villages Group을 통해 연락을 취했습니다.

에렐라는 자신이 수십 년 동안 살고 있는 키부츠인 쇼발Shoval에서 만나자고 했습니다. 그리고 상당히 친절하고 진심 어린 애정을 담아, 그녀가 아주 오랫동안 해오던 일, 즉 그녀의 팔레스타인 친구들을 방문하는 일을 함께 하며 하루를 보낼 수 있다고 말했습니다. 그 방문은 단순한 만남이 아니라, 우정의 선물인 동시에 그저 직접 가는 것만으로도 팔레스타인인들을 정착민의 학대에서 지키려는 선언이 되었습니다. 다시 말해, 불의가 일어날 때 그것을 기록하기 위해 가는 것이었죠.


에렐라는 미소를 지으며 저를 맞았습니다. 긴 회색 머리, 목발을 짚고 있으면서도 흔들림 없는 걸음걸이, 믿음이 가는 우수에 젖은 미소. 이것이 그녀의 첫인상입니다.

에렐라는 제가 그녀를 관찰하고 질문하러 온 것을 알았지만, 사려 깊은 표정으로 말했습니다. "지금은 질문은 하지 말고, 보기만 하세요. 나중에는 결국 제가 모든 것에 이미 답했다는 사실을 알 거예요." 저는 에렐라의 말에 따랐습니다. 저는 에렐라와 그녀의 절친인 에후드Ehud와 함께 차에 탔고, 에렐라가 입을 열어 자기 이야기를 하기 시작했습니다.

에렐라 두나옙스키에게는 점령을 설명하는 일이 어렵지 않습니다. 점령은 타인의 자유를 제한하는 것이었죠. 점령은 이동하고, 먹고, 자기 자식을 기르고 교육할 자유를 제한하는 것입니다. 에렐라의 나라에서 팔레스타인 사람들에게 하는 것, 에렐라가 수십 년 동안 맞서 싸우고 있는 것이 점령입니다.

그래서 에렐라는 이스라엘과 팔레스타인 사람들이 서로 만나도록 다리를 놓는 일을 합니다. 에렐라는 현재는 서안 지구에서 활동하지만, 1998년부터 2000년까지는 가자 지구에서 폭력 트라우마를 안고 살아가야 하는 어린아이들을 도왔습니다. 당시 프로젝트의 이름은 '고통의 전환'이었습니다. 가자에서 에렐라는 젊은이들이 고통을 건설적인 에너지로 바꾸도록 도왔습니다. "피해자로 머물지 않도록, 그들에게 가르치고 그들과 함께 고통을 가지고 무언가 할 수 있는 방법을 배우기 위해서였어요. 적극적이되 파괴적이지 않은 방법으로 고통을 이겨내도록 말이에요."

에렐라는 자신의 임무는 구멍도 뚫리지 않는 척박하고 험난한 땅에 매일 씨앗을 심는 것과 같다고 했습니다. 그 이야기를 하려면 2002년, 제2차 인티파다 초기로 거슬러 올라가야 합니다.

나블루스 인근의 데이르알하타브 Deir al-Hatab 마을에서 에렐라는 간질을 앓는 딸을 둔 남자를 만났습니다. 남자는 아무 곳에서도 딸의 약을 구할 수 없어 절박한 상황이었습니다. 한 협회에 도움을 요청하는 편지를 썼지만, 협회 측에서는 나블루스 시로만 약을 보낼 수 있었습니다. 당시 긴장된 정세 탓에 마을들은 봉쇄되어 출입이 불가능한 경우가 많았거든요. 남자가 나블루스까지 가려면 데이르알하타브, 아즈무트, 살림 등 세 마을의 검문소를 통과해야 했습니다. 남자는 딸을 데리고 며칠 동안 검문소 앞에 있었지만 군인들은 통과시켜주지 않았습니다. 그러던 어느 날 결국 통과를 하기는 했지만, 딸은 병원 입구에서 사망하고 말았습니다.

그때부터 에랄라와 그 남자는 계속 연락을 이어오고 있습니다. 에렐라는 매주 그를 찾아가 올리브 수확을 돕기 시작했습니다. 그리고 자신이 사는 키부츠와 인근 정착촌 친구들을 모아 봉쇄 때문에 고립된 마을들을 위해 봉사하기로 했죠. 이들의 봉사는 점령으로 발생한 직접적인 피해에 대한 응답으로써 대인관계를 형성하는 것이었습니다. 적이 아닌 이웃과 함께 시간을 보내는 것 말입니다. 간단히 말해 서로 만남을 갖게 하는 것, 개인과 개인이 만나 서로를 알아가게 하는 것이었습니다. 에렐라는 이렇게 말했습니다. "그 사소한 일은 제가 할 수 있다는 걸 알았어요.

평화를 만드는 일은 할 수 없죠. 하지만 제가 할 줄 아는 것, 즉 제 앞에 있는 사람의 이야기를 듣는 것은 할 수 있잖아요."

에렐라는 처음 데이르알하타브에 다녀오는 길에 이런 의문이 들었습니다. "한 곳에 속한다는 건 무슨 의미일까? 나는 과연 어디에 속해 있을까?"


에렐라 두나엡스키는 77세이고, 이스라엘이 건국되기 1년 전에 하이파에서 태어났습니다. 어린 시절 갈릴리 지역의 아랍 마을 합병에 반대하는 시위에 참여한 적이 있었고, 나할 프로그램에서 군복무를 했습니다. 나할은 군사 업무와 사회 봉사를 함께 수행하는 프로젝트였습니다. 그 후 대학을 졸업하고 네게브 남부 지역의 쇼발 키부츠로 이주해 지금까지 살고 있습니다.

에렐라는 예나 지금이나 활동적으로 삽니다. 키부츠의 청소년들을 가르치면서 1980년대에는 '아이들이 아이들을 가르친다 Children Teaching Children'라는 프로그램을 개발했습니다. 근처 학교에서 공부하는 이스라엘과 팔레스타인 어린이들을 한 자리에 모아 양쪽 어린이들이 서로 아랍어와 히브리어를 가르치면서 같은 언어로 말할 수 있게 하는 프로그램이었죠. 수십 년 동안 에렐라는 심리치료사로 일하다가 빌리지 그룹을 설립했는데, 이 단체는 지난 20년 동안 일주일에 한 번씩 서안 지구 점령지의 팔레스타인 가정을 방문해 지원하고 있습니다.

에렐라에게는 모든 사람들과의 만남과 모든 방문이 하나의 성취이자, 자신의 분노를 억누르고 조국의 안보라는 명목으로 수십 년 동안 자행되고 있는 불의를 내면에서 정리하는 법을 배우는 과정이었습니다. 이런 모순들을 함께 붙드는 일은 그녀에게는 섬세한 균형 잡기였습니다. 에렐라는 이렇게 설명합니다.

"제가 배운 것 중 하나는 제 한계를 설정하는 거예요. 지금도 배우는 중이고요. 제가 누군가를 만날 때 나에게 어떤 일이 일어나는지는 알지만, 그가 나를 만날 때 어떤 경험을 하는지는 전혀 모르죠. 이를테면 이런 겁니다. 마구간에 물이 있어도 말에게 억지로 마시게 할 수는 없죠. 제 역할은 단순합니다. 물을 가져다놓는 거예요. 그러면 양쪽을 지나는 사람들이 마시고 싶으면 마실 것이고, 싫으면 마시지 않겠죠."

만남을 가진 그날 아침, 우리는 쇼발에서 헤브론 남쪽 언덕으로 곧장 갔습니다. 에렐라와 에후드는 자동차에 음식과 기저귀, 책, 크레용 등을 실었습니다. "이런 것은 우리가 방문하는 목적이 아니에요." 에렐라가 다시 한번 말했습니다. "물질적인 도움을 주려는 것이 아니라, 만남 자체의 상징적인 가치를 만드는 것이 목적이죠." 특히 2023년 10월 7일 이후로는 더욱 그랬습니다.

에후드는 동쪽으로 가다가 남쪽으로 방향을 돌렸습니다. 주위가 사막 풍경으로 바뀌었죠. 에렐라는 베두인 가정을 방문하러 가는 길이었습니다. 사륜구동 차로만 갈 수 있는 그 외진 지역에서 유일하게 남은 집이었습니다.

길을 따라 한참 가다 보면 30곳 정도의 미허가 베두인 마을이 있는데, 1970~80년대에 정부가 조성한 도시로 이주하기를 거부한 사람들이 사는 곳입니다. 허가가 없으니 이 마을들에는 전기와 물이 들어오지 않고, 아이들을 위한 교육 시설도 없습니다. 에렐라의 단체에서 한 마을의 유치원을 지원하는데 그곳에서 일하는 유일한 교사의 이름을 따서 '후다 유치원'이라 부른답니다.

길이 점점 더 비포장으로 바뀌면서 마을이 사라지고 동굴들이 모인 곳의 입구가 나타났습니다. 이스라엘이 이 지역에서 점점 더 철거를 빠르고 빈번하게 하면서, 최근 2년 동안 20년 전에 버렸던 동굴로 다시 돌아와 살기 시작했죠. 이곳에 샤디 사아디Shadi Saadi가 삽니다. 에렐라가 차에서 내리자 샤디가 맞으러 나와 부축을 해서 아내와 네 자녀가 사는 동굴 안으로 한 걸음씩 안내했습니다.

주변의 모든 언덕은 한때 팔레스타인 가족들이 살던 땅이었으나 정착민들이 차지하곤 농장을 지어 팔레스타인 목동들과 농부들의 관개 시설을 오염시키고 자기들 것을 설치했습니다. 샤디의 두 딸은 가장 가까운 학교에 가려고 해도 한 시간 동안 걸어서 언덕을 넘어야 합니다. 10월 7일 이후에는 정착민들이 마을과 동굴을 계속 공격했습니다. 그래도 동굴에 남는 것이 더 안전했습니다. 마을에서는 정착민들에게 폭행당할 위험이 너무 크죠.

에렐라와 에후드는 샤디 가족과 카펫에 앉아 함께 점심을 먹었습니다. 샤디는 분노가 섞이지 않은 표정으로 최근의 공격에 대해 이야기했습니다. 그가 에렐라에게 말한 바에 의하면, 정착민들이 군복을 입고 오는 일이 점점 잦아지고 경찰에는 호소할 길이 없습니다. 다시 말해, 정의를 기대할 수 없다는 것이죠. 에렐라는 해결 방법이 없다는 것을 알지만 그의 말을 들었습니다. 물론 샤디에게 변호사의 연락처를 알려줄 수는 있죠. 그러나 에렐라가 그곳에 간 것은 그러기 위해서가 아닙니다. 적어도 그것 때문만은 아니었죠. 에렐라가 그곳에 간 것은 인간적 관계를 형성하고, 사람에게서 모든 걸 빼앗을 순 없다고 말하기 위해서입니다.

"땅과 재산에다 건강까지 빼앗을 수는 있어도 관계를 맺을 가능성을 빼앗을 수는 없어요. 우리가 20년 동안 쌓아온 서로에 대한 믿음은 그 누구도 빼앗을 수 없죠."

에렐라는 자신이 하는 일 때문에 얻은 대가는 외로움이라고 말합니다. 고립 속에서도 침착하고 솔직한 자세를 유지하고, 남을 미워하지 않도록 애씁니다. 자신의 이웃을 죽인 자들도 미워하지 않습니다. 복수를 외치지 않으려고요. 복수를 외치는 사람들도 미워하지 않습니다. 그들처럼 되지 않으려고요.

# 9장

# 보호하는 존재

요르단 계곡은 두 얼굴을 지녔습니다.

한편에는 메마른 야자수와 황량한 들판, 고통 받는 동물들이 있습니다. 이는 계곡에 거주하는 팔레스타인 사람들의 삶의 모습입니다. 다른 한편에는 사막 속의 오아시스 같은 푸르고 웅장한 식물들이 있습니다. 사막 한가운데 녹지가 있다는 것은 그곳까지 물이 충분히 공급된다는 뜻이죠. 이는 이스라엘 점령지 삶의 모습이고, 계곡에 있는 정착촌의 모습입니다. 이것이 요르단 계곡의 두 얼굴입니다. 한편에는 마실 물도 씻을 물도 없는 아이들이 있습니다. 다른 한편에는 개인 수영장에서 수영을 하고, 수도가 연결된 집에 사는 아이들이 있습니다.

저는 2024년 여름에 요르단 계곡에 갔습니다. 이제부터 그곳에서 보낸 어느 오후의 이야기를 들려드릴게요.

# 점령 마주하기

5시쯤 되자 더운 열기가 가라앉기 시작했습니다. 그 시간대가 목동들이 물을 길러 가는 때입니다. 제가 있던 알아우자Al-Auja 지역 목동들과 함께 가장 가까운 연못으로 갔습니다.

저는 '점령 마주하기Looking the Occupation in the Eye'라는 단체를 설립한 이스라엘 활동가 가이 히르슈펠드Guy Hirschfeld와 연락을 취하고 그곳에 갔습니다. 활동가들은 팔레스타인 사회를 정착민들의 폭력으로부터 보호하려 애쓰고 있습니다. 그래서 그곳에서는 활동가들을 '보호하는 존재'라고 부릅니다. 그들의 존재가 폭력적인 정착민들, 즉 베두인족과 그들의 가축을 반복적으로 습격하는 정착민들의 사기를 꺾는 역할을 하기 때문입니다.

보호하는 존재가 요즘 분쟁 국면에서 처음 등장한 것은 아닙니다. 2000년대 초부터 이미 서안 지구 점령에 맞서는 활동의 일부였습니다. 타아유시Ta'ayush나 국제연대운동International Solidarity Movement 같은 조직들이 이스라엘 및 국제 활동가들과 연대하여 팔레스타인인들이 강탈에 저항할 수 있게 도왔습니다. 수년 전부터 전 세계 활동가들은 자신들이 목격한 학대를 촬영하고, 목동들에게 카메라와 녹음기도 제공합니다. 학대는 증거가 없으면 일어나지 않았던 것처럼 되기 때문에 그런 장비들이 꼭 필요합니다.

가이 히르슈펠트는 이 단체의 수장입니다. 2024년 여름 제가 그를 만났을 당시에도 그는 이미 세 번이나 체포되었습니다. 그는 체포가 활동가들을 굴복시키려는 군인들의 전략이라고 설명했습니다. 활동가들이 물러나도록 만들려는 것이죠. 그는 이렇게 덧붙였습니다. "팔레스타인 사람들에게도 똑같은 짓을 하는데, 정착민들은 우리 삶을 아주 힘들게 만들면 우리가 떠날 거라고 생각하거든요. 하지만 우리는 떠나지 않을 겁니다."

제가 그에게 물었습니다. "왜 이 일을 하시나요?"

그가 답했습니다. "제 인간성이 굴복하지 않기 때문입니다."

그는 단체의 이름을 두고 오래 심사숙고한 끝에 '점령 마주하기'로 지었는데, 팔레스타인 사람들의 삶과 그들이 겪는 부당함에 대해 이스라엘 사람들이 제대로 전달받지 못한다고 판단했기 때문입니다. 가이 히르슈펠드는 텔아비브의의 예루살렘에 봉사자들을 소집했고, 일부는 요르단 계곡에 도착해 가장 취약한 지역에서 교대로 베두인들과 함께 잠을 자며 정착민들의 폭력으로부터 보호하기 시작했습니다.

가이 히르슈펠드는 사람들에게 전달되어야 할 보급품이 계획적으로 파손되는 현장을 기록하기 위해 카메라를 가져다 수조 위에 설치하고, 자원봉사자들을 위한 텐트와 선풍기도 설치했습니다. 그는 자신의 단체를 창설한 이후로 일주일에 이틀씩 요르단 계곡에서 지내며 감시한다고 했습니다.

그는 어린 시절부터 항상 되뇌어왔다는 성경 구절을 들려주었습니다. "가장 가난한 자들을 항상 눈앞에 두고, 그들을 먼저 도와야 한다." 가이 히르슈펠드에게 가장 가난한 사람, 이 나라에서 가장 도움이 필요한 이들은 팔레스타인인이었습니다. 그래서 그들에게 관심과 시간을 쏟는 것입니다. 보호하는 존재로서 말입니다. "그들은 우리 때문에 고통 받고 있어요. 제가 여기 있을 이유로는 충분하죠." 7월의 그 뜨거운 열기 속에서 저와 함께 그늘을 찾으면서 이렇게 덧붙였습니다. "우리나라 정부는 기초 자원을 통제 수단으로 이용해요. 물을 통제하는 것도 정치적 목적을 달성하기 위한 수단이죠. 지역 사회를 통째로 거주할 수 없게 만들어 고향을 떠나게 하려는 거예요. 정착민들은 팔레스타인 사람들이 빨리 떠나면 그들의 땅을 빨리 수용하고 점령할 수 있으니까요."

여러분을 요르단 계곡으로 이끌고 싶었던 건, 가이 히르슈펠드가 언급한 자원 전쟁을 이해하는 것이 중요하기 때문입니다.

## 물의 전쟁

앞에서 봤듯 요르단 계곡에서는 물을 모두가 똑같이 사용할 수 없습니다. 여기에 얽힌 오랜 역사를 간단히 요약해보겠습니다.

**1967년 서안 지구를 점령한 직후,** 이스라엘은 팔레스타인 수자원부에 대한 통제권을 장악하고, 매우 근원적인 금지 및 제한 조치를 했습니다. 예를 들어 팔레스타인인들은 새로운 우물을 뚫으려면 허가를 받도록 한 반면, 서안 지구에 건설된 모든 유대인 정착촌은 새로운 수원지(특히 요르단 계곡)를 이용해 이스라엘 수자원망에 연결했습니다. 서안 지구의 대부분은 이스라엘이 행정과 치안 통제권을 모두 보유하고 있어서 팔레스타인인들은 허가가 없으면 우물을 팔 수 없습니다. 그런데 이 허가라는 것이 10월 7일 전에도 얻기 어려웠는데, 지금은 사실상 불가능해졌습니다. 허가 없이 만든 우물은 주택과 마찬가지로 철거됩니다.

유엔 인도주의업무조정국OCHA에 의하면, 2021년부터 현재(제가 이 책을 쓰고 있는 때는 2024년 여름입니다)까지 이스라엘 당국은 허가를 받지 않은 것으로 간주되는 약 160개의 팔레스타인 물탱크와 하수 시스템, 우물을 철거했습니다.

이스라엘은 **1995년 팔레스타인 해방기구PLO와 체결한 임시 협정**을 인용하면서 이러한 행위가 정당하다고 주장했습니다. 이 협정은 이스라엘에 서안 지구 수자원 80퍼센트 점유권 등 팔레스타인인들의 일상과 관련된 대부분의 측면을 통제할 권리를 부여했기 때문입니다. 그러나 이 협정의 유효기간은 5년이었고, 이후로 서안 지구의 현실은 완전히 바뀌었습니다.

1995년부터 팔레스타인 인구는 75퍼센트 증가했지만, 이스라엘에서 그들에게 할당한 물의 양은 그대로입니다. 팔레스타인 당국은 부족한 물을 충당하려면 이스라엘 국영 수도 회사인 메코로트Mekorot로부터 고가에 사들일 수밖에 없습니다. 그리하여 현재 서안 지구에 거주하는 70만 정착민은 정교한 이스라엘 수도망에 연결되어 끊김 없이 물을 공급받지만, 팔레스타인 주민들은 그렇지 못합니다. 물 탱크 트럭이 들어오도록 허가가 떨어져야 주민들이 살 수 있습니다.

가이 히르슈펠드가 자신의 협회와 함께 요르단 계곡에 오는 이유가 바로 이 때문입니다. 매일 오후 빈 물통을 노새에 싣고 연못으로 향하는 베두인족을 지키기 위해서죠.

제가 가이 히르슈펠드의 단체에 최근 가입한 길리Gili를 만난 곳도 알아우자 근처에 있는 연못이었습니다. 길리는 21세의 이스라엘 청년으로, 하마스의 공격으로 노바 페스티벌에서 친구를 잃었습니다. 당시의 공격 후 몇 주 동안 길리의 마음속에서는 복수심이라는 단 하나의 감정만 자랐습니다. 다른 사람들처럼요.

그런데 어느 날 길리에게는 이런 의문이 떠올랐습니다. '진짜 팔레스타인인은 누구일까? 나의 땅이란 과연 무엇일까? 정확히 말하면 '우리의 땅'이라고 해야 하지 않을까?' 그래서 가이 하르슈펠트와 요르단 계곡에 가기로 결심합니다. 이전까지는 팔레스타인 공동체에 가본 적도 없고, 그곳 사람들이 어떻게 사는지 어떤 박해를 당하는지도 본 적 없던 길리는 이제 일주일에 사흘씩 베두인인들이 물을 길러 갈 때 동행하고 있습니다.

저는 여러분이 길리의 이야기를 아는 것도 중요하지만, 무엇보다 그 목소리를 직접 듣는 것이 중요하다고 생각합니다. 저는 잠시 한쪽으로 물러나, 그녀가 제게 한 말을 그대로 전하겠습니다.

## 길리의 선택

"저희 가족은 제가 지금 여기 있다는 걸 몰라요. 가족들에게 아무것도 감추고 싶지 않지만, 저를 이해하지 못할 것 같아요. 저는 복잡하고 강경한 우파 집안에서 자랐어요. 아버지는 충실한 비비(베냐민 네타냐후를 말함) 지지자예요. 전형적인 유권자라고 하면 되겠네요. 제가 어떻게 교육을 받았는지 설명하려면 이것부터 말씀드려야 해요. 저희는 어릴 때부터 '착한 아랍인은 죽은 아랍인뿐이다.' 같은 말을 들어요. 주변 사람들을 비인간적으로 보는 환경에서 의심을 품기란 어려워요. 하지만 10월 7일 이후로 제 안의 무엇인가가 바뀌었어요. 엄청난 좌절감을 느꼈고, 제 속을 다 털어놓고 싶고, 누군가에게 도움을 받고 싶었죠. 사실 이런 곳에서 의문이 너무 많아질 때, 스스로 이방인이라 느껴지면 그나마 다행이고 최악의 경우에는 거부당한 존재라고 느낄 수 있어요.

노바 페스티벌에서 친구를 잃었을 때, 처음에는 이스라엘 측 말을 완전히 믿었어요. 저는 화가 많이 났고, 고통스러웠고, 복수를 하고 싶었죠. 하지만 가자 지구에서 전송되는 사진들을 찾아보자 더욱 고통스러웠어요. 제가 본 어느 것도 우리가 겪은 일에 대한 해답이 될 것 같지 않았어요. 이런 생각이 들더군요. '나는 이 사람들을 모른다. 나는 그저 이 사람들은 우리와 같은 존재가 아니라고 배웠을 뿐이다.' 이런 생각의 변화가 시작되고, 평생 팔레스타인 사람들은 다른 존재라고, 심지어 사악한 존재라고 배워 왔다는 사실을 깨닫는 건 충격적인 일이에요. 저에게도 그 사실을 깨닫는 것이 크나큰 충격이었어요.

구테흐스(유엔 사무총장)가 10월 7일 사태는 갑자기 터진 게 아니라고 한 말이 맞았어요. 저는 더 깊이 파고들었고, 이런 의문이 들었어요. '사람을 테러리스트가 되도록 만드는 것은 무엇일까?' 그때 제가 팔레스타인 점령지에 한 번도 못 가봤다는 사실도 깨달았어요. 여기에는 300만 명이 살고 있고, 제 이웃이고, 같은 땅을 공유하고 있어요. 그런데 저는 그들을 한 번도 본 적이 없어요.

제가 여기 와보니 의문이 훨씬 더 많아졌어요. 저 자신이 어떤 사람인지도 의문이 들었어요. '지금 행동하지 않는다면 나는 어떤 사람이 될까?' 가자 지구와 이곳 서안 지구에서 말로 다할 수 없을 일과 고통을 겪는 남성들과 여성들, 아이들을 생각해봤어요. 그리고 제 신념을 지키려 노력하는 사람이 되기로 했어요. 가치관을 갖는 것만이 아니라, 확신을 가지고 그 가치를 따르고, 두 손에 꼭 쥐고서 제 통제하에 두기로 한 거예요.

그래서 저는 가이 씨의 조직에 연락했고, 서안 지구의 베두인 공동체들을 알아가는 여정을 시작했죠. 전에는 여기 와본 적이 단 한 번도 없었어요. 문제의 핵심은 제가 21년 동안 이곳을 마치 존재하지도 않는 곳으로 여겼다는 점이에요. 이 지역도, 여기 사는 300만 명이나 되는 이 모든 사람들도 제 마음속에 없었어요. 이제야 그 300만 명이 진정 무엇을 의미하는지 알게 됐어요.

저는 이곳이 오직 저에게만 속했다고 생각하도록 교육 받았어요. 여기 와보니 그렇지 않다는 것을 알았죠. 우리도 책임이 있다는 것도 알게 됐어요. 우리가 그들의 길을 막았고, 우리가 그들의 땅을 빼앗고, 물도 빼앗았죠. 제 자신에게 물었어요. '나와 내 가족들에게 이런 일이 생겼다면 나는 어떻게 했을까? 폭력적으로 대응하지 않았을까?' 당연히 이 사람들도 폭력적으로 대응했어요. 우리가 이 모든 짐을 짊어지게 된 건 바로 그 때문이에요. 우리 이스라엘인이 팔레스타인인들을 우리와 같은 존재로 보지 않고, 그 사람들이 가져야 할 권리를 주지 않았기 때문이에요.

제가 여기에 온 것은 희망을 잃고 싶지 않기 때문입니다."

# 10장

# 가진 건

돌멩이뿐

어느 여름날, 방에 있다고 상상해보세요. 근처 교회나 사원에서 평소에 들려오던 종소리나 이맘(예배를 인도하는 종교 지도자)의 목소리가 들리지 않습니다. 여러분의 귀에 들리는 소리는 경보뿐. 그 경보는 여러분이 사는 동네나 마을이나 도시에 누군가 들어오고 있고, 그들이 나쁜 의도를 가지고 있음을 말해줍니다. 공격하고, 불을 지르고, 겁을 주고, 살해하려는 의도 말이에요.

2024년 8월 15일 서안 지구의 지트Jit에서 정확히 그런 상황이 벌어졌습니다. 그날 사원의 확성기는 신도들에게 교회 시간을 알리기 위해서가 아니라, 시민들에게 도시를 지키라고 알리기 위해 울렸습니다.

그날의 경보가 울린 건 해질 무렵 하바트 길라드Havat Gilad 전초 기지와 지트 마을 주변 정착지에서 권총과 소총, 화염병을 들고

100명쯤 되는 정착민 무리가 습격해왔기 때문이었어요. 습격자들은 지나가면서 집과 차에 불을 질렀고, 돌밖에 쥔 것 없이 도시를 지키려 달려 나온 사람들에게 총을 쏘았습니다.

돌을 든 사람들 중에는 23세의 청년 라시드 싯다Rashid Sidda도 있었습니다. 정착민들은 그의 가슴에 총을 쐈고, 싯다는 그 자리에서, 해질 무렵 지트의 어느 언덕 위에서, 자신의 땅을 지키려 했던 그곳에서 즉사했습니다.

## 싯다의 가족

지트는 서안 지구 점령지 북부에 있는 팔레스타인 도시로, 나블루스에서 서쪽으로 10킬로미터쯤 떨어져 있습니다. 이곳에서는 주민 약 2000명이 전초 기지와 불법 정착촌에 둘러싸여 살고 있습니다. 정착민들의 존재로 인해 지트 주민들의 안전은 완전히 무너졌습니다.

라시드는 다섯 형제 중 첫째였고, 컴퓨터 공학을 공부했으며, 가족 중 유일하게 직업이 있었습니다. 10월 7일 이전에는 아버지가 도로 포장하는 일을 하러 갈 수 있었습니다. 매일 이스라엘에 오갈 수 있는 허가가 있었거든요. 그러나 10월 7일 이후로 아버지의 통행 허가증은 휴지 조각이 되었고, 이제 돈을 벌 수 있는 건

라시드뿐이었죠.

라시드가 버는 것으로 가족들은 겨우겨우 살아갔습니다. 가족들이 크게 희생한 덕분이었죠. 이를테면, 생활비를 줄여야 하니 동생 와심에게 학업을 그만두라고 했습니다. 와심은 공부를 그만뒀죠. 그게 가족을 위해 그가 할 수 있는 일이었습니다. 가족의 부담을 하나 덜어주는 것 말입니다.

8월 15일 저녁 라시드는 온 가족과 집에 있었고, 어머니와 한참 동안 대화를 나눈 후 막 샤워를 마치고 나왔습니다. 8월 15일 저녁, 이맘으로부터 정착민들이 습격해온다는 연락을 받은 뒤 라시드와 와심은 마을을 지키기 위해 집을 나섰습니다. 두 사람은 두려웠습니다. 그들이 가진 건 땅에서 주운 돌뿐이었습니다. 단단히 무장한, 조직적이고 훈련받은 정착민 무리에 맞서기에는 턱없이 초라한 무기라는 것쯤은 잘 알았습니다.

정착민들은 모두 똑같은 어두운 제복을 입고 얼굴을 가린 채 언덕의 여러 방향에서 쳐들어왔습니다.


저는 습격 후 거의 한 달쯤 지나서 지트에 도착했는데, 주민들이 제게 가장 먼저 보여준 것은 마을에서 일어나는 모든 일을 촬영한 감시카메라 영상이었습니다. 영상 속에는 거주지를 습격해 불을 지르는 정착민 무리가 보였습니다. 자동차 창문을 깨부수고 불을 지르거나, 집 안으로 들어가 살림살이에 휘발유를 뿌린 후 불을 지르기도 했습니다.

제가 지트에 도착한 날은 금요일이었습니다. 정오 기도 시간이 끝나기를 기다렸다가 경보를 울렸던 바로 그 사원 앞에서 와심을 만났습니다. 와심에 대한 설명은 간단히 들었을 뿐이지만, 사람이 1000명이 있다 한들 한눈에 그를 알아볼 수 있을 것 같았습니다. 그는 무척 슬픈 얼굴이었죠. 볼이 푹 팬 바싹 마른 얼굴, 어딘지 알 수 없는 곳을 보는 눈. 와심 곁에 있는 동생 아메드Ahmed는 라시드의 얼굴이 인쇄된 종이를 펜던트처럼 작은 플라스틱 핀에 꽂아 목에 걸고 있었습니다.

제가 방문한 날, 와심은 기도를 드린 후 저와 함께 조용히 집을 향해 걸었습니다. 가족들이 사는 집에 도착하자, 와심은 라시드를 기리는 포스터들을 보여주었습니다. 그리고 그의 무덤에 저를 데려가려 했습니다. 형에게 가서 조문하고, 그곳에서 라시드 이야기를 하고 싶어 했습니다.

## '예외는 없다'

공습이 있던 날 라시드는 가장 먼저 달려나간 사람들 중 한 명이었습니다. "형이 아주 가까이에 있었어요. 정착민들과 10미터도

떨어지지 않은 곳이었어요." 와심은 형의 무덤 앞에 앉아 이야기를 시작했습니다.

사람들은 방어를 하려 해도 무기가 없었습니다. 그래서 가장 나이가 많은 이들은 양동이에 물을 받아 불을 끄고 아이들을 지켰고, 젊은 사람들은 돌을 던졌습니다. 그런데 총소리가 들렸죠. 라시드가 총에 맞았을 때 바로 그 옆에 있던 와심은 구급차를 불러달라고 소리를 질렀습니다. 이스라엘 군인들이(당시 치안 담당이 이스라엘이었습니다) 한참 뒤에나 도착하는 바람에 한 시간 반 동안 아무런 조치도 취할 수 없었죠.

구급차가 지트에 들어올 수 있게 된 건 라시드에게는 이미 너무 늦은 때였습니다. "병원에서 저를 불러 '라시드가 사망했습니다'라고 말했어요. 저는 '말도 안 돼요'라는 말밖에 못했어요. 그리고 바닥에 주저앉아 울었죠." 와심이 당시를 설명했습니다. 그의 증언은 습격 현장에 있던 모든 사람들이 확인해주었습니다.

그들 중 한 명인 무아위야 싯다Muawiya Sidda는 마을 끝트머리 집에 삽니다. 정착민들이 그의 집 창문을 부수고 집안으로 화염병을 던졌습니다. 습격이 시작되었을 때, 무아위야 싯다의 아내는 두 살 된 딸에게 젖을 먹이고 있었습니다.

"군대가 늦게 도착했고, 도시 입구에 있었어요. 우리는 도시 밖으로 나갈 수 없고, 구급차는 들어올 수 없었죠. 두 시간이 지나고 나서야 총을 쏴서 정착민들을 해산시켰어요." 와심은 잠시 멈췄다가 다시 말을 이었습니다. "사실 그자들은 우리가 모두 떠나기를 바라죠."

앞서 말했듯 와심은 컴퓨터공학을 공부했고, 툴카름Tulkarm에 있는 카두리Kadoorie 대학을 다녔습니다. 그는 형처럼 되고 싶었다고 말했습니다. 공부하고, 일도 하고, 가족이 편하고 안정적으로 살도록 돕고, 나중에는 자기 가정도 꾸리고 싶었죠.

와심은 10월 7일 이전에는 평범한 20대 청년처럼 꿈이 있었다고 했습니다. 직장을 얻고 가족을 꾸리는 꿈. "특별한 건 없었어요. 다른 선택의 여지가 거의 없으니까요."

'특별한 것은 없다.' 이 말이 유난히 깊이 와닿았습니다. 마치 꿈과 희망을 주변 상황에 맞게 조절하며 살기 마련이라는 뜻이 담긴 것 같았습니다. 현재 라시드의 무덤 위에는 팔레스타인 국기와 그가 사용하던 케피예kefiah(아랍의 전통 스카프)가 놓여 있습니다.

와심은 형의 무덤 앞에 잠시 혼자 있게 해달라고 했습니다. 저는 멀찍이 걸으며 그를 바라봤습니다. 와심은 기도를 한 뒤 콘크리트 블록에 앉아선, 마치 잠시 끊어졌던 형제 간의 대화를 다시 잇듯이 라시드에게 말을 걸었습니다.

그의 부모님에게 작별 인사를 하러 다시 집으로 돌아가는 길에 와심이 이렇게 말했습니다. "라시드가 죽은 후 저는 희망을 잃었어요. 처음 며칠은 분노와 원망과 슬픔이라는 세 감정을 느꼈어요. 상실감은 이겨낼 수 있을 줄 알았지만, 지금은 모르겠네요."

와심은 형이 살아 있을 때는 언제나 자신의 곁에 있겠거니 생각했습니다. 지금은 라시드가 생각날 때마다 평생 공허함이 따라다니겠거니 생각합니다. 정착민들에게 살해된 형이, 작별 인사도 할 수 없었던 형이 없는 공허함 말입니다.

## 지난 1년간 급증한 정착민 폭력

지트 사건은 10월 7일 이후 발생한 전례 없이 엄청난 횟수의 폭력 사건 중 하나일 뿐입니다. 가자 지구에서 이스라엘의 군사 공격이 시작된 이후, 정착민 측이 점령한 영토에서 대팔레스타인 공격 횟수가 급격하게 증가하고 있습니다. 유엔의 집계에 의하면 10월부터 이듬해 8월까지 서안 지구에서 1000명 이상이 사망한 것으로 기록되었습니다.

팔레스타인 보건 당국에 따르면 어린이와 청소년 147명을 포함한 633명의 팔레스타인인이 이스라엘의 총격으로 사망했고, 같은 시기 5400명 이상이 부상을 당했습니다. 수많은 희생자가 도시에서 이스라엘군의 공습 중에 사망했지만, AIDA(점령지에서 활동하는 비영리 단체)에서는 정착민들이 육상 공격으로 12명의 팔레스타인인을 살해했고(2명은 어린이), 부상자는 234명이라고 발표했습니다.

유엔에 따르면 같은 기간에 사망한 이스라엘인은 18명입니다. 점령지에서 정착민들의 폭력은 어제오늘 일이 아니지만, 2022년 말 극우 정권의 집권 이후 눈에 띄게 확대되고 있습니다.

## 국제 사회의 반응

지트에서 벌어진 공격은 국제 사회의 강한 비난을 받았습니다. 이스라엘에 군사 및 외교 지원을 하는 국가의 지도자들에다 백악관까지 정착민 폭력에 대해 분노를 표했습니다. 미국 국가안보회의 대변인은 〈타임스 오브 이스라엘Times of Israel〉지에 "서안 지구의 팔레스타인 민간인을 향한 정착민들의 폭력적인 공격은 용납될 수 없으며, 중단되어야 한다"고 쓰면서 "이스라엘 당국은 지역사회를 보호하기 위한 모든 조치를 취해야 하며, 여기에는 이러한 폭력을 중단시키는 중재가 포함되어야 한다. 그 폭력에 대한 책임은 가해자들에게 있다"고 덧붙였습니다.

유럽연합 외교안보정책 고위 대표인 조셉 보렐Josep Borrell은 지트 공격이 "팔레스타인 민간인들을 대상으로 한 테러"라고 말했습니다. 그리고 "정착민들은 사실상 아무런 처벌도 받지 않는 가운데, 날마다 점령지인 서안 지구에서 폭력을 키우며 평화의 가능성을 위태롭게 만든다"고 덧붙였습니다.

유럽 정부 구성원들도 중재에 나섰습니다. 영국의 외무부 장관 데이비드 라미David Lammy는 "야간에 팔레스타인 주택에 불을 지르고 화염병을 투척하는 광경이 혐오스럽다"며 이 공격을 비난했습니다. 프랑스 외무부 장관 스테판 세주르네Stéphane Séjourné는 "가자 지구에서의 모든 협상 노력을 뒤흔드는 용납할 수 없는" 행위라고 말했습니다. 독일 외무부 장관도 "팔레스타인인들은 안전하게 살 권리가 있고, 이스라엘은 이들을 보호해야 할 의무가 있다"는 의견을 밝혔죠.

유엔 인권사무소의 대변인 라비나 샴다사니Ravina Shamdasani는 지트에서의 폭력은 "이스라엘의 정착 정책으로 인한 직접적인 결과이므로 명백하게 국가에 책임이 있다. 이 문제의 진정한 핵심은 이렇게 심각한 폭력에 책임이 있는 자들이 처벌을 받지 않고 있다는 것이다"라고 지적했습니다.

# 감사의 말

지난 몇 달 동안 저를 맞아주고, 자신들의 고통과 상실감, 괴로움, 아직 남아 있는 희망의 흔적을 보여준 모든 분께 감사드리고 싶습니다.

서안 지구 점령지에서 몇 주 동안 함께 지내면서 많은 대화를 나눈 무한나드 카페시에게 감사를 전합니다. 미래와 인간에 대한 그의 희망은 제게 끊임없이 영감을 주었습니다.

톰 할레비 Tom Halevi (이스라엘의 언론인, 언론 조사원)의 의심과 정직함에도 감사드립니다.

몇 년 동안 저를 환영해준 어린이들과 청소년들, 그리고 모든 선생님들께도 감사드립니다. 그들의 질문이 제 일상을 값지게 만들었고, 제가 끊임없이 생각할 수 있는 자극제가 되었습니다.

몇 개월 동안 저와 이야기를 나눈 친구이자 사진작가인 장루카

파넬라Gianluca Panella와 제 협력자이자 동생인 가브리엘레 잔니Gabriele

Zagni에게도 고맙습니다. 동생의 소중한 도움과 인내심이 없었다면

이 책은 나올 수 없었을 거예요.

항상 저를 기다려주시는 제 어머니 다니엘라와 아버지

리카르도에게도 언제나 감사하고 있어요.

그리고 마지막으로 제 아들 피에트로에게도 고마워요. 제가 글을

쓰고 제 삶을 사랑하게 만드는 원천이 바로 제 아들이랍니다.